交通运输职业教育高职汽车运用与维修技术专业教材

U0862986

Liyi yu Goutong

礼仪与沟通

全国交通运输职业教育教学指导委员会 **组织编写**

孔春花 **主　编**

倪　颐　莫舒玥　马骊歌 **副主编**

彭　静 **主　审**

人民交通出版社股份有限公司

China Communications Press Co.,Ltd.

内 容 提 要

本书为交通运输职业教育高职汽车运用与维修技术专业教材。本书分为五个模块,主要内容包括:礼仪与沟通的基本理论、形象礼仪、职场沟通礼仪、沟通技能和沟通力的应用。

本书可作为高等职业院校汽车运用与维修技术专业、汽车检测与维修技术专业的教学用书,也可作为汽车检测与维修技术人员的培训教材。

图书在版编目(CIP)数据

礼仪与沟通 / 孔春花主编;全国交通运输职业教育教学指导委员会组织编写. —北京:人民交通出版社股份有限公司, 2019.10

ISBN 978-7-114-15781-3

Ⅰ. ①礼… Ⅱ. ①孔… ②全… Ⅲ. ①礼仪—高等职业教育—教材②心理交往—高等职业教育—教材 Ⅳ. ①K891.26②C912.11

中国版本图书馆 CIP 数据核字(2019)第 178011 号

书　　名:礼仪与沟通
著 作 者:孔春花
责任编辑:徐　菲
责任校对:张　贺　宋佳时
责任印制:张　凯
出版发行:人民交通出版社股份有限公司
地　　址:(100011)北京市朝阳区安定门外外馆斜街 3 号
网　　址:http://www.ccpress.com.cn
销售电话:(010)59757973
总 经 销:人民交通出版社股份有限公司发行部
经　　销:各地新华书店
印　　刷:北京市密东印刷有限公司
开　　本:787×1092　1/16
印　　张:9.25
字　　数:216 千
版　　次:2019 年 10 月　第 1 版
印　　次:2021 年 12 月　第 2 次印刷
书　　号:ISBN 978-7-114-15781-3
定　　价:23.00 元

前　　言

为贯彻落实《国务院关于印发〈国家教育事业发展“十三五”规划〉的通知》(国发〔2017〕4号)精神,深化教育教学改革,提高汽车技术人才培养质量,满足创新型、应用型人才培养目标的需要,全国交通运输职业教育教学指导委员会组织来自全国交通职业院校的专业教师,按照教育部发布的《高等职业学校汽车运用与维修技术专业教学标准》要求,紧密结合高职高专人才培养需求,编写了交通运输职业教育高职汽车运用与维修技术专业教材。

在本系列教材编写启动之初,全国交通运输职业教育教学指导委员会组织召开了交通运输职业教育高职汽车运用与维修技术专业教材编写大纲审定会,邀请行业内知名专家对该专业的课程体系和教材编写大纲进行了审定。教材初稿完成后,每种教材由一名资深专业教师进行主审,编写团队根据主审意见修改后定稿,实现了对书稿编写全过程的严格把关。

本系列教材在编写过程中,认真总结了全国交通职业院校的专业建设经验,注意吸收发达国家先进的职业教育理念和方法,形成了以下特色:

1. 与专业教学标准紧密衔接,立足先进的职业教育理念,注重理论与实践相结合,突出实践应用能力的培养,体现“工学结合”的人才培养理念,注重学生技能的提升。

2. 打破了传统教材的章节体例,采用模块式或单元+任务式编写体例,内容全面、条理清晰、通俗易懂,充分体现理实一体化教学理念。为了突出实用性和针对性,培养学生的实践技能,每个模块后附有技能实训;为了学习方便,每个模块后附有模块小结、思考与练习(每个单元后附有思考与练习)。

3. 在确定教材编写大纲时,充分考虑了课时对教学内容的限制,对教学内容进行优化整合,避免教学冗余。

4. 所有教材配有电子课件,大部分教材的知识点以二维码链接动画或视频资源,做到教学内容专业化,教材形式立体化,教学形式信息化。

《礼仪与沟通》是本系列教材之一。本书由吉林交通职业技术学院孔春花担任主编，北京交通运输职业学院倪颐、广西交通职业技术学院莫舒玥、吉林交通职业技术学院马骊歌担任副主编，贵州交通职业技术学院彭静担任主审。参加本教材编写工作的有：吉林交通职业技术学院马骊歌（编写模块一）、广西交通职业技术学院莫舒玥、陈芳兰（编写模块二）、北京交通运输职业学院倪颐（编写模块三）、吉林交通职业技术学院孔春花（编写模块四、模块五）。吉林交通职业技术学院赵爽、邵蕾、刘冰以及长春通立汽车服务有限公司张东萍参与了部分内容的编写。

由于编者水平和经验有限，书中难免存在不足或疏漏之处，恳请广大读者提出宝贵意见，以便进一步修改和完善。

全国交通运输职业教育教学指导委员会
2019年2月

目　录

模块一　礼仪与沟通的基本理论

学习目标

1. 了解中国礼仪的起源与发展；
2. 了解东、西方礼仪的差异；
3. 了解礼仪的内涵、功能和原则；
4. 了解沟通的含义及三大要素；
5. 了解沟通的原则和作用；
6. 了解交际中关于自我形象的诸多忌讳，避免人际交往中的尴尬；
7. 较全面地掌握公关礼仪知识，塑造职业人士形象。

建议课时

8课时。

一、礼仪概述

（一）中国礼仪的起源与发展

1. 中国礼仪的起源

关于礼的起源，说法不一。归纳起来有以下几种说法：一是天神生礼仪；二是礼为天地人的统一体；三是礼产生于人的自然本性；四是礼为人性和环境矛盾的产物；五是礼生于理，起源于俗。

（1）从理论上说，礼是人类为了协调主客观矛盾的需要而产生的。

首先，礼的产生，是为了维护自然的“人伦秩序”的需要。人类为了生存和发展，必须与大自然抗争，不得不以群居的形式相互依存。人类的群居性使得人与人之间相互依赖、相互制约。在群体生活中男女有别，老少有异。这既是一种天然的人伦秩序，又是一种需要被所有成员共同认定、保证和维护的社会秩序。人类面临的内部关系必须妥善处理，因此人们逐步积累和自然约定出一系列“人伦秩序”。这就是最初的礼。

其次，礼也起源于人类寻求满足自身欲望与实现欲望的条件之间动态平衡的过程中。人对欲望的追求是一种本能。而在追寻实现欲望的过程中，人与人之间难免会发生矛盾。为了避免这些矛盾和冲突，就需要“制欲止乱”而制礼。

(2)从具体的仪式上看,礼产生于原始的祭祀活动。

原始的祭祀活动都是以祭天、敬神为主要内容的“礼”。这些祭祀活动在历史发展中逐步完善了相应的规范和制度,正式形成祭祀礼仪。随着人类对自然与社会各种关系认识的逐步深入,仅以祭祀天地鬼神祖先为礼,已经不能满足人们日益发展的精神需要,也不能调节日益复杂的现实关系。于是,人们将“事神致福”活动中的一系列行为,从内容和形式上扩展到了各种人际交往活动中——从最初的祭祀之礼扩展到社会各个领域中各种各样的礼仪。

2. 中国礼仪的发展

礼仪在其传承沿袭的过程中不断发生着变革。从历史发展的角度来看,其演变过程大致可分为以下几个阶段。

(1)礼仪的起源时期。礼仪起源于原始社会,在原始社会中、晚期出现了早期礼仪的萌芽。整个原始社会时期是礼仪的萌芽时期,礼仪较为简单和虔诚,还不具有阶级性。当时的礼仪主要包括:明确血缘关系的婚嫁礼仪、区别部族内部尊卑等级的礼制、为祭天敬神而确定的一些祭典仪式,以及一些在人们相互交往中表示礼节和表示恭敬的动作等。

(2)礼仪的形成时期。人类进入奴隶制社会,统治阶级为了巩固自己的统治地位把原始的宗教礼仪发展成符合奴隶制社会政治需要的礼制,礼被打上了阶级的烙印。在这个阶段,我国第一次形成了比较完整的国家礼仪与制度。如“五礼”就是一整套涉及社会生活各方面的礼仪规范和行为标准。

(3)礼仪的变革时期。这一时期,学术界形成了百家争鸣的局面。以孔子、孟子、荀子为代表的诸子百家对礼给予了研究和发展,对礼的起源、本质和功能进行了系统阐述,第一次在理论上全面而深刻地论述了社会等级秩序划分及其意义。

孔子对礼仪非常重视,把礼看作是治国、安邦、平定天下的基础。他认为“不学礼,无以立”,并要求人们用礼的规范约束自己的行为,要做到“非礼勿视,非礼勿听,非礼勿言,非礼勿动”。

孟子把礼解释为对尊长和宾客严肃而有礼貌,即“恭敬之心,礼也”,并把礼看作是人的善性的发展之一。

荀子把礼作为人生哲学思想的核心,把礼看作是做人的根本目的和最高理想,“礼者,人道之极也”。他认为礼既是目标、理想,又是行为过程,“故人无礼则不生,事无礼则不成,国无礼则不宁”。

管仲把礼看作是人生的指导思想和维系国家存亡的第一支柱,认为礼关系到国家的生死存亡。

(4)礼仪的强化时期。尽管在我国不同的朝代,礼仪文化具有不同的社会政治、经济、文化特征,但却有一个共同点,即是一直为统治阶级所用,是维护社会等级秩序的工具。这一时期礼仪的重要特点是尊神抑人,尊君抑臣,尊夫抑妇,尊父抑子。在漫长的历史演变过程中,它逐渐变为妨碍人类个性自由发展,阻碍人类平等交往,窒息思想自由的精神枷锁。

纵观封建时期的礼仪,其内容大致涉及国家政治的礼制和家庭伦理两类。这一时期的礼仪构成中华传统礼仪的主体。

(5)现代礼仪的发展。辛亥革命以后,受西方资产阶级“自由、平等、民主、博爱”等思想的影响，中国的传统礼仪规范、制度受到强烈冲击。新文化运动对腐朽、落后的礼仪进行了革新，符合时代要求的礼仪被继承、完善、流传，那些繁文缛节逐渐被抛弃。那一时期，人们也逐渐接受了一些国际上通用的礼仪形式。新的礼仪标准、价值观念得到推广和传播。新中国成立之后，逐渐确立以平等相处、友好往来、互相帮助、团结友爱为主要原则的具有中国特色的新型社会关系和人际关系。改革开放以来，随着我国与世界上其他国家的交往日趋频繁，西方一些礼仪、礼节陆续传入我国，同我国的传统礼仪一道融入社会生活的各个方面，构成了社会主义礼仪的基本框架。许多礼仪从内容到形式都在不断变革，现代礼仪的发展进入全新时期，大量有关礼仪的书籍相继出版。各行各业的礼仪规范纷纷出台，礼仪讲座、礼仪培训日趋红火，人们学习礼仪知识的热情空前高涨。讲文明、讲礼貌蔚然成风。今后，随着社会的进步、科技的发展和国际交往的增多，礼仪必将得到新的完善和发展。

（二）东、西方礼仪的差异

东方礼仪主要指中国、日本、朝鲜、泰国、新加坡等为代表的亚洲国家所代表的具有东方民族特点的礼仪文化。西方礼仪主要指流传于欧洲、北美各地区的礼仪文化。

1. 在对待血缘亲情方面

东方人非常重视家族和血缘关系，“血浓于水”的传统观念根深蒂固，人际关系中最稳定的是血缘关系。

西方人独立意识强，相比较而言，不很重视家庭血缘关系，而是更看重利益关系。他们将责任、义务分得很清楚，责任必须尽到，义务则完全取决于实际能力，绝不勉为其难，处处强调个人拥有的自由，追求个人利益。

2. 在表达形式方面

西方礼仪强调实用，表达率直、坦诚。东方人以“让”为礼，凡事都要礼让三分，与西方人相比，常显得谦逊和含蓄。

在面对他人夸奖所采取的态度方面，东、西方人各不相同。面对他人的夸奖，中国人常常会说“过奖了”“惭愧”“我还差得很远”等字眼，以表示自己的谦逊。而西方人面对别人真诚的赞美或赞扬，往往会用“谢谢”来表示接受对方的美意。

3. 在礼品馈赠方面

在中国，人际交往特别讲究礼数，重视礼尚往来，往往将礼作为人际交往的媒介和桥梁。东方人送礼的名目繁多，除了重要节日互相拜访需要送礼外，平时的婚、丧、嫁、娶、生日、提职、加薪都可以作为送礼的理由。

西方礼仪强调交际务实，在讲究礼貌的基础上力求简洁便利，反对繁文缛节和过分客套造作。西方人一般不轻易送礼给别人，除非相互之间建立了较为稳固的人际关系。在送礼形式上，西方人也比东方人简单得多。一般情况下，他们既不送过于贵重的礼品，也不送廉价的物品，但却非常重视礼品的包装，特别讲究礼品的文化格调和艺术品位。

在送礼和接受礼品时，东西方也存在着差异。西方人送礼时，总是向受礼人直截了当地说：“这是我精心为你挑选的礼物，希望你喜欢”，“这是最好的礼物”之类的话。西方人一般不推辞别人的礼物，接受礼物时先对送礼者表示感谢，接过礼物后总是当面拆看礼物，并对礼物赞扬一番，而东方人则不同。中国人及日本人在送礼时也费尽心思、精心挑选，但在受礼人面前却总是谦虚而恭敬地说“微薄之礼，不成敬意，请笑纳”之类的话。东方人在接受礼物时，通常会客气地推辞一番，接过礼物后，一般不当面拆看礼物，唯恐对方因礼物过轻或不尽如人意而难堪，或显得自己重利轻义，有失礼貌。

4. 在对待“老”的态度方面

东西方礼仪在对待人的身份地位和年龄上也有许多观念和表达上的差异。东方礼仪一般是老者、尊者优先，凡事讲究论资排辈。西方礼仪崇尚自由平等，等级的强调没有东方那么突出，而且西方人独立意识强，不愿老，不服老，特别忌讳“老”。

5. 在时间观念方面

西方人时间观念强，做事讲究效率。出门常带记事本，记录日程和安排，有约必须提前到达，至少要准时，且不随意改动。西方人不仅惜时如金，而且常将交往方是否遵守时间当作判断其工作是否负责、是否值得与其合作的重要依据。在他们看来，这直接反映了一个人的形象和素质。

遵守时间秩序，养成了西方人严谨的工作作风，办起事来井井有条。西方人工作时间和业余时间区分清楚，休假时间不打电话谈论工作，甚至在休假期间断绝非生活范畴的交往。

相对来讲，中国人使用时间比较随意，时间观念比较淡薄，包括改变原定的时间和先后顺序。中国人开会迟到，老师上课拖堂，开会作报告任意延长时间是常有的事。这在西方人看来是不可思议的，他们认为不尊重别人拥有的时间是对人的不敬。

6. 在对待隐私权方面

西方礼仪处处强调个人拥有的自由(在不违反法律的前提下)，认为个人的尊严神圣不可侵犯。在西方，冒犯对方“私人的”权利，是非常失礼的行为。西方人尊重别人的隐私权，同样也要求别人尊重他们的隐私权。

东方人非常注重共性拥有，强调群体，强调人际关系的和谐。邻里间的相互关心，嘘寒问暖，是一种富于人情味的表现。

(三)礼仪的内涵

1. 概述

礼仪是中国传统文化的重要组成部分。中国古代的礼仪内容广泛，有吉礼、凶礼、军礼、宾礼、嘉礼等，涉及社会生活的各个方面。礼仪，是中国古代“礼”和“礼治”的一个重要内容。古人认为“礼可以为国”，“礼，经国家、定社稷、序人民、利后嗣者也”。

礼仪，作为人际关系的润滑剂，在社会生活中的作用是显而易见的。它是一个人、一个组织、一个地区乃至一个国家和民族内在的精神文化素养的显示，也是协调人际关系约定俗成的行为规范。因而，讲究礼仪不仅展现了人类优秀文化的底蕴，还是个人、组织和地区塑造良好形象、赢得他人或社会尊重的前提，是事业获得成功的重要条件。

讲究礼仪是人类文明的表现形式之一，反映了人类的进步和发展。如同文字、绘画等其他文明表现形式一样，礼仪是人类不断摆脱野蛮和愚昧，逐渐走向文明、开化与兴旺的标志。现代社会对每一位公民的文明素养提出了更高的要求。

2. 礼仪的定义

(1)从个人修养的角度看，礼仪是一个人的内在修养和素质的外在表现。

(2)从道德的角度看,礼仪被界定为为人处世的行为规范,即行为准则。

(3)从交际的角度看,礼仪是人际交往中的一种艺术。

(4)从民俗的角度看,礼仪既可以说是人际交往中必须遵行的律己敬人的习惯形式,也可以说是人际交往中约定俗成的示人以尊重友好的习惯、做法。

(5)从传播的角度看,礼仪是一种在人际交往中进行互相沟通的技巧。

(6)从审美的角度看,礼仪是一种形式美,是人的心灵美的必然外化。

总之,礼仪是人类为维系社会正常生活而要求人们共同遵守的最起码的道德规范。它是人们在长期共同生活和相互交往中逐渐形成,并且以风俗、习惯和传统等方式固定下来。对一个人来说,礼仪是一个人的思想道德水平、文化修养、交际能力的外在表现。对一个社会来说,礼仪是一个国家社会文明程度、道德风尚和生活习惯的反映。

(四)礼仪的内容

礼仪的内容,由以下四个基本要素构成。

1.主体

主体指礼仪活动的操作者和实施者。它既可以是个人,也可以是组织。当礼仪活动规模较小,较为简单时,其主体通常是个人。当礼仪活动规模较大,较为复杂时,其主体通常是组织。没有礼仪主体,礼仪活动就不可能进行。

2.客体

客体又叫礼仪的对象,指礼仪活动的具体指向者和承受者。没有礼仪客体,礼仪就失去了对象,就不成其为礼仪。

3.媒体

媒体指礼仪活动所依托的一定的媒介,具体由人体礼仪媒体、物体礼仪媒体、事体礼仪媒体等构成。在具体操作礼仪时,这些不同的礼仪媒体往往交叉,配合使用。

4.环境

环境指礼仪活动得以进行的特定的时空条件。它可以分为礼仪的自然环境和社会环境。礼仪的环境制约礼仪的实施,也决定礼仪的方法。

(五)礼仪的功能

1.教育功能

礼仪是人类社会进步的产物,是传统文化的重要组成部分。礼仪蕴含着丰富的文化内涵,体现着社会的要求和时代精神。礼仪通过评价、劝阻、示范等教育形式纠正人们不正确的行为习惯,指导人们按礼仪规范的要求去协调人际关系,维护社会正常生活。国民都来接受礼仪教育,可以从整体上提高国民的综合素质。

2.沟通功能

礼仪行为是一种信息性很强的行为,每一种礼仪行为都表达一种甚至多种信息。在人际交往中,交往双方只有按照礼仪的要求,才能更有效地向交往对象表达自己的尊敬、敬佩、善意和友好,才可以使交往顺利进行和延续。热情的问候、友善的目光、亲切的微笑、文雅的谈吐、得体的举止等,不仅能唤醒人们的沟通欲望,建立起对彼此的好感和信任,而且可以促成交流，进而有助于事业的发展。

3. 协调功能

在人际交往中，不论体现的是何种关系，维系人际关系的礼仪都承担着十分重要的“润滑剂”作用。礼仪的作用和规范约束着人们的动机，指导着人们立身处世的行为方式。如果交往的双方都能够按照礼仪的规范约束自己的言行，不仅可以避免某些不必要的感情对立与矛盾冲突，而且还有助于建立和加强人与人之间相互尊重、友好合作的新型关系，使人际关系更加和谐，社会秩序更加有序。

4. 塑造功能

礼仪讲究和谐，重视内在美和外在美的统一。礼仪在行为美学方面指导着人们不断地充实和完善自我并潜移默化地熏陶着人们的心灵。人们的谈吐变得越来越文明，装饰打扮变得越来越富有个性，举止仪态越来越优雅，并符合大众的审美原则。这些都能体现出时代的特色和精神风貌。

5. 维护功能

礼仪作为社会行为规范，对人们的行为有很强的约束力。在维护社会秩序方面，礼仪起着法律所起不到的作用。社会的发展与稳定，家庭的和睦与安宁，邻居的和谐，同事之间的信任与合作，都在一定程度上依赖于人们共同遵守礼仪的规范要求。社会上讲礼仪的人越多，社会便会更加和谐稳定。

（六）礼仪的原则

1. 宽容的原则

宽容就是心胸宽广。“海纳百川，有容乃大”，能设身处地为别人着想，能原谅别人的过失，也是一种美德。这也被看作现代人的一种礼仪素养。人们在交际活动中运用礼仪时，既要严于律己，更要宽以待人。

《让墙诗》其中一个版本讲的是：张英（清朝杰出政治家张廷玉之父）在老家的亲属与邻居吴家在宅院范围上发生了争执，两家各不相让。家人写信给张英，想让他出面将事情“摆平”。张英接信后，挥笔写下一首诗：“千里家书只为墙，让他三尺又何妨？万里长城今犹在，不见当年秦始皇。”家人看到张英写的诗，便主动将院墙向后退了三尺。邻居吴家很受感动，也将自家院墙向后退了三尺。这个故事给我们的启示是：做人要懂得宽容，学会退让。

那么，如何在礼仪中体现宽容原则呢？我们认为，应从以下两个方面做起：

第一，理解他人，体谅他人，对他人不求全责备。俗话说“金无足赤，人无完人”。现实生活中的人，没有十全十美的。表现在礼仪方面，有些人擅长于礼仪交际，说话办事滴水不漏；有些人则不熟悉礼仪知识，行事粗俗。

第二，虚心接受他人对自己的批评意见，即使批评错了，也要认真倾听。俗话说“人非圣贤，孰能无过”。有了过错后允许他人批评指正，才能得到大家的理解和尊重。有时，批评者的意见是错误的，但只要不是出于恶意，就应以宽容大度的姿态对待，有则改之，无则加勉。特别是在工作中，更应注意这个问题。

2. 敬人的原则

古人云：“敬人者，人恒敬之。”人们在社会交往中，要敬人之心常存，处处不可失敬于人，不可伤害他人的个人尊严,更不能侮辱对方的人格。只有互相尊重,人与人之间的关系才会融洽和谐。

上海有一家电影院曾发生这样一件事。年末,电影院经理把员工(包括离退休人员)及其家属都请到电影院来开茶话会。会前专门制作了这些离退休人员和在职职工的生活影像,会上放给大家看。每个人,尤其是离退休职工观看后非常感动。原因很简单,这些人一辈子干的工作就是给别人放电影,从来未感受过自己上银幕是什么滋味。今天他们有机会在放了一辈子电影给别人看的电影院里,看到自己走上银幕,感到电影院领导没有忘记自己一辈子工作的辛苦,能不感动吗?因而他们很自然地加深了对单位的感情。同时在职职工也感到振奋,团体的凝聚力大增。

要想在与人交往中通过礼仪的形式体现出对对方的尊重,就应从以下几个方面做起:

第一,与人交往,要热情而真诚。热情的态度,意味着对别人的隆重接纳,会给人留下受欢迎、受重视、受尊重的感觉,而这本来就是礼仪的初衷和要旨。当然,热情不能过火,过分的热情会使人感到虚伪和缺乏诚意。所以,待人热情一定要出自真诚,是尊重他人的真挚情感的自然流露。如果心存不敬,却又要故意表现出热情,只会让人感到做作,引起反感。这一点在与客户及其他来访者打交道时尤为重要。在工作时,不论来访者是不是客户,工作人员都应热情接待;不论是不是自己的客户,我们都要热情真诚地为其服务。

第二,要给他人留有面子。所谓面子,即自尊心。失去自尊对一个人来说,是一件非常痛苦、难以容忍的事情。所以,伤害别人的自尊是严重失礼的行为。

第三,允许他人表达思想,表现自己。每个人都有表达自己思想、表现自身能力的愿望。社会的发展,为人们张扬个性提供了更为广阔的空间。丰富的个性色彩和多元思想的共存,是现代社会区别于传统社会的一个基本特征。因此,现代礼仪中的互尊原则,要求人们必须学会彼此宽容,尊重他人的思想观点和个性。

3. 自律的原则

这是礼仪的基础和出发点,学习和应用礼仪最重要的就是要自我要求、自我约束、自我控制、自我对照、自我反省。

礼仪宛如一面镜子。对照着它,你可以发现自己的品质是真诚、高尚还是丑陋、粗俗。真正领悟礼仪、运用礼仪,关键还要看你的自律能力。

4. 遵守的原则

在交际应酬中,每一位参与者都必须自觉自愿地遵守礼仪,用礼仪去规范自己在交往活动中的言行举止。

5. 适度的原则

应用礼仪时要注意做到把握分寸,认真得体。

6. 诚信的原则

“言必信,行必果”。取信于人在人际交往中是非常重要的。运用礼仪时,务必诚信无欺,言行一致,表里如一。

在人际交往中,你必须博得人们的信赖,才更有利于你的成功。信任是慢慢积累的。与客户初次打交道,客户都会抱着怀疑的态度跟你沟通。一旦接触多了,你对待工作做得到言而有信,说什么时候出方案就什么时候出方案,答应什么时候上交材料就什么时候上交材料的话，客户也就慢慢开始信任你了。这样做更利于你开展工作，更好地为客户服务。

自信也是取信于人的一种方法。一个人要对自己有信心，不要因为曾经有过这样那样的失败或小挫折就以为自己不讨人喜欢，从而失去自信，放弃了自己。其实，失败并不可怕。世界上没有常胜将军，关键是要有勇气，跌倒后还能爬起来，还能保持自信，相信自己能努力做到最好。

7. 从俗的原则

由于国情、民族、文化背景的不同，人们在交往中必须坚持入乡随俗，与绝大多数人的习惯做法保持一致，切勿目中无人，自以为是。

8. 优先的原则

这一原则是礼仪的核心，即尊重交往对象、以礼相待，有来有往。既不能盛气凌人，也不能卑躬屈膝。对任何交往对象都必须一视同仁，给予同等程度的礼遇。

礼仪中的优先，与各民族的风俗习惯、宗教信仰等有很大关系。以“女士优先”原则为例，如在巴基斯坦，讲究男女授受不亲，在公共场合，如果男女出双入对，卿卿我我，则被认为是不合礼仪的行为。但是，在这个国家里，男士非常尊重女士，对待女士谦逊有礼，见了女性，一般不得主动握手，除非女士先伸手。尽管公共汽车非常拥挤，男士也会让女士们先上车。车上的座位分得很清楚，女性坐前面，男性坐后面。餐厅的情形也一样，男女桌位分开，陌生的男士们是决不可以随意过界或上前搭讪的。在任何时候排长龙，女性都可直接走到队伍的前端去。

国际通用礼仪原则与我国大同小异，具体有：维护形象、不亢不卑、求同存异、入乡随俗、信守约定、热情有度、不必过谦、不宜先为、尊重隐私、女士优先、爱护环境、以右为尊等。

（七）现代礼仪的分类

1. 政务礼仪

政务礼仪是指国家公务机关及相关事业单位在内部沟通交流及对外服务，与社会接触时的礼仪标准及原则。政务礼仪是机关单位提高服务质量及好评度的重要方法。

随着社会的变革与发展，服务型政府的不断确立和完善，政务礼仪的适用范围也拓展到除国家机关外的多数窗口单位。其本质是通过系统的交流原则与技巧，维护机关单位的形象，提高服务的质量与好评度，拉近双方的距离，使工作更加顺利地进行。

政务礼仪一般包括形象礼仪、日常办公礼仪、公务交际礼仪、握手礼仪、乘车礼仪、会议礼仪等。

2. 商务礼仪

商务礼仪是在商务活动中体现相互尊重的行为准则。商务礼仪的核心是一种行为的准则，用来约束我们日常商务活动的方方面面。商务礼仪的核心作用是为了体现人与人之间的相互尊重。我们可以用一种简单的方式来概括商务礼仪，它是商务活动中对人的仪容仪表和言谈举止的普遍要求。一般包括会议礼仪、会客礼仪、宴会礼仪、谈判礼仪及迎送礼仪等。

3. 服务礼仪

服务礼仪是各服务行业人员必备的素质和基本条件。出于对客人的尊重与友好，在服务中要注重仪表、仪容、仪态和语言、操作的规范，要求服务员发自内心热忱地向客人提供主动周到的服务，从而表现出服务员良好的风度和素养。

服务礼仪主要适用于服务行业的从业人员、经营管理人员等从事服务工作的人士。如汽车 4S 店的销售顾问、维修服务顾问等服务岗位，都有不同的礼仪要求。

4. 社交礼仪

社交礼仪是指在人际交往、社会交往和国际交往活动中，用于表示尊重、亲善和友好的首选行为规范和惯用形式。人都有被尊重的高级精神需要，在社会交往活动过程中，按照社交礼仪的要求去做，就会使人获得尊重的满足，从而获得愉悦，由此达到人与人之间关系的和谐。社交礼仪在当今社会人际交往中发挥的作用愈发明显。社交礼仪主要包括节庆礼仪、仪表礼仪、服饰礼仪、礼品礼仪、名片礼仪、介绍礼仪、电话礼仪、握手礼仪、座次礼仪、宴会礼仪、西餐礼仪、娱乐礼仪、自助餐礼仪、酒水礼仪、交谈礼仪、求职礼仪等。

5. 涉外礼仪

涉外礼仪是指在长期的国际往来中，逐步形成的外事礼仪规范，也就是人们参与国际交往所要遵守的惯例，是约定俗成的做法。它强调交往中的规范性、对象性、技巧性。

随着我们国家对外开放程度的不断加深，我们与来自不同国家和具有不同文化背景的人的交往越来越频繁。涉外礼仪在国际交往中扮演着越来越重要的角色。在交往中，那些有恰当行为举止的人能给人留下好的印象。这也能使我们更容易达到交往的最初目的。

二、沟通概述

沟通，是建立人际关系的桥梁。如果这个世界缺少了沟通，那将是一个不可想象的世界。

可以这样说，没有沟通就没有人际的互动关系，人与人之间的关系就会处在僵硬、隔阂、冷漠的状态，会出现误解、扭曲的局面，给工作和生活带来极大的害处。信息时代的到来使得人们工作、生活节奏越来越快，人与人之间的思想越发需要加强交流。社会分工越来越细，信息层出不穷，现代行业之间迫切需要互通信息。而这一切都离不开沟通。

对个人而言，良好的沟通可以使我们很坦诚地生活，很有人情味地分享，以人为本位，在人际互动中充分享受自由、和谐、平等。不难想象，一个家庭，一个单位，人与人之间，如果没有沟通，那是多么闭塞、无聊、枯燥、乏味，必将导致事情难以处理，工作难以展开。

现代的世界是个沟通的世界，通过沟通可以拓展个人关系的网络，发展人际关系中的支持系统。通过沟通也可使交谈富有意义而且轻松愉快，使对方感受到你的尊重和理解，能够迅速激发他人对你的认可度，让他人自愿地提供更多的协助，发展互惠互利的合作关系。另外沟通还可以避免人与人之间无谓的争论，避免伤害双方的感情，减少因误解所造成的压力，克服愤怒、恐惧、害羞等有害情绪，促进身体健康。沟通如同黑暗中的一缕阳光，让一切有了生机和活力。多少爱情、婚姻、友谊、同事之间的关系，因没有沟通或沟通不良，而濒临破裂，而又因良好的沟通而冰释前嫌。世界上真是没有沟通不了的事。

沟通的品质决定了做事的品质。对一个组织而言，良好的沟通可以使成员认清形势，使决策更加有理、有效，建立、组织起共同的愿景。主管可以通过沟通，引导属员更好地工作；

属员可以通过沟通,更好地理解、执行领导的意图和决策。同事之间可以通过沟通,更加精诚团结密切合作。在一个组织里,所有的决策和共识,都是通过沟通来达成的。

沟通是管理工作的灵魂,是提高工作效率,实现共同目标,满足各种需要的重要工具。我们所做的每一件事情都是在沟通,比如上情下达或下情上传等。不论沟通是否有效,沟通构成了我们日常工作中的主要部分。管理工作中70%的错误是由于不善于沟通造成的。成功的公司管理人士通常会将90%以上的工作时间用于部属之间的良性沟通之中。通过清晰地指导与决策节省时间与精力,减少重复劳动,提高工作效率。提升他人和自己对工作的满意度,用非强制性策略影响或激励他人。美国通用电气公司就是靠着感情沟通式的管理,以惊人的速度发展起来的,这种沟通式管理给人以深刻的启迪。国内外的名企,无不视沟通为管理的真谛。

单位能实现高效率和充满生机,有赖于下情能为上知,上意能迅速准确地下达,部门之间互通信息,互知甘苦。孙武云:“上下同欲,士可为之死,为之生。”这就需要沟通,需要高速、有效的沟通。良好的沟通会让员工感到单位对自己的尊重和信任,因而产生极大的责任感、认同感和归属感。此外,良好的沟通还能减少冲突、化解矛盾、澄清疑虑、消除误会,增强团队的内部凝聚力。人的因素是事业成功的关键所在。管理说到底就是做人的工作,其中团队观念整合则是先导。所有的管理问题归根到底都是沟通问题。

(一)沟通的含义

1. 沟通的概念

沟通是为了设定的目标,把信息、思想和情感在个人或群体间传递,并且达成一致的过程。

2. 沟通的三大要素

(1)一个明确的目标。有了明确的目标才叫沟通。沟通时的第一句话就要说出你的目的,这是你的沟通技巧在行为上的表现。

(2)达成一致。沟通结束后一定要使双方或多方达成一致,只有达成一致才称为完成一次有效沟通。在沟通结束时,一定要对沟通的结果进行总结。这是一个良好的沟通习惯。

(3)沟通信息、思想和情感。沟通的内容不仅仅是信息,还包含比这更重要的东西。在我们的工作过程中,很多障碍使思想和情感无法得到很好的沟通。沟通需要传递的是彼此之间更多的思想和情感,而信息内容并不是主要的。

3. 沟通的两种方法

(1)语言沟通。语言是人类的一种非常好的、有效的沟通方式。它包括口头语言、书面语言、图片或者图形等。在沟通过程中,语言沟通能传递信息、思想和情感等,其主要作用是传递信息。

(2)肢体语言沟通。肢体语言的内容非常丰富,包括手势、表情、眼神、姿态和声音等,甚至包括我们说出的每一句话所采用的音色和音调等。

在这两种沟通方式中,语言更加便于信息的传递,肢体语言更便于人与人之间思想和情感的交流。

4. 沟通的双向性

只有双向交流才叫作沟通,任何单方面的动作都不叫沟通。因此,沟通具有一个非常重要的特征：双向性。沟通有信息的发送者和接收者，信息的反馈者和反馈信息的接收者。

5. 沟通的三种行为

说、听、问是双向沟通包含的三种行为。考核一个人是否具备沟通技巧的时候，主要看他这三种行为是否都能恰当实施。

（二）沟通的原则

1. 准确原则

准确是沟通基本的原则和要求。在沟通中，只有当你所用的语言和方式能为对方理解时，沟通才有效。这一点看起来简单，做起来未必容易。在实际工作中，由于接收方对发送方发出的信息未必能理解完全，发送方应将信息加以明确，并用其容易理解的方式来进行表述。这就要求发送方具有较高的语言表达能力并熟悉下级、同级和上级所用的语言，如此，才能克服沟通过程中的各种障碍。

2. 逐级原则

在工作中，开展纵向沟通（包括向下沟通和向上沟通）时，应尽量遵循“逐级”原则。以销售企业为例，如在向下沟通时，由于销售经理之下往往还有主管（市场的区域主管），主管之下还有普通职员（如业务代表），销售经理应设法使主管人员位于信息交流的中心，尽量鼓励他们发挥核心作用。但在实际工作中，有些销售经理可能会忽视这一点。他会越过下级主管人员而直接向一线人员发号施令，并可能会引起许多不良后果。如果确实要这样做，销售经理也应事先与下级主管进行沟通，只有在万不得已的情况下（如紧急动员完成某项工作时）才可以越级沟通。在向上沟通时，原则上也应该遵循“逐级”原则（销售经理一般直接向营销总监或销售总监报告工作），特殊情况下（如在提建议、出现紧急情况等情形下）才可以越级报告。

3. 及时原则

信息只有得到及时反馈才有价值。在沟通时，不论是向下传达信息，还是向上提供信息，或者与横向部门沟通信息，都应遵循及时原则。遵循这一原则可以使自己容易得到各方的理解和支持，同时也可以迅速了解同仁的思想和态度。在实际工作中，沟通常因信息传递不及时或接受者重视不够等而使效果大打折扣。

（三）沟通的作用

对于我们来说，沟通是一种自然而然的，必需的，无所不在的行为。通过沟通可以交流信息和获得感情和思想。在人们生活、娱乐、家居、买卖时，或者希望和一些人的关系更加稳固和持久时，都要通过交流这一手段，完成协议来达到目的。综上所述，沟通的主要作用有两个：

一是传递和获得信息。信息的采集、传授、整理、交换是沟通的过程。通过沟通交换有意义、有价值的各种信息，生活中的大小事务才能得以开展。掌握低成本的沟通技巧，了解如何有效地传递信息，能够提高人的办事效率。而积极地获得信息，更会提高人的竞争优势。好的沟通者可以一直保持注意力，随时抓住内容重点，找出所需要的重要信息。他们能更透彻地了解信息的本质，拥有最佳的工作效率，并能节省更多的时间和精力，获得更高的生产力。

二是改善人际关系。社会是由人们互相沟通所维持的关系组成的网。人们互相交流,是因为需要同周围的社会环境相联系。沟通与人际关系两者可以相互促进、相互影响。有效的沟通可以赢得和谐的人际关系,而和谐的人际关系又使沟通更加顺畅。相反,人际关系不良会使沟通难以开展,而不恰当的沟通又会使人际关系变得更糟。

三、公共关系礼仪

公共关系礼仪简称公关礼仪。在公共关系活动中,公关人员需要广交朋友,沟通多种信息,融洽与协调多方面的社会关系,减少社会摩擦,化解各类矛盾与冲突,为组织创造一个“人和”的社会关系环境。尤其在组织与外界的交往中,更应该讲究公共关系礼仪,因为它是组织风貌、员工精神状态、公关人员工作水平和专业技能的最集中体现,是各种人际沟通和社会交往的方法,也是处理大量联系事宜与外交事务所必须遵从的行为准则。

(一)公关礼仪的概念

公关礼仪是指产生于一定文化道德基础之上的用以调节组织与公众关系,促成相互均衡和谐发展的行为规范和准则。公关礼仪是人们在现代社会交往中各种符合公关精神、准则、规范的交往方式、行为方式、社会活动、典礼程序以及与之相适应的标志、服饰等的总称。

公关礼仪是由公关礼貌、公关礼节、公关仪式三要素组成。

公关礼貌:是指在交往中所表现出的敬重和友好的行为,如守时、尊重妇女、面带微笑等。

公关礼节:是礼貌在语言、行为、仪表等方面的具体规定,如拜访客人的礼节、致意的礼节等。

公关仪式:是一种具有固定性质的礼貌、礼节,如奠基仪式、庆典仪式、迎宾仪式等。

(二)公关礼仪的重要性

在日常生活和工作中,礼仪能够调节人际关系。从一定意义上说,礼仪是人际关系和谐发展的调节器。人们在交往时按礼仪规范去做,有助于人们之间相互尊重,建立友好合作的关系,缓和与避免不必要的矛盾和冲突。一般来说,人们受到尊重、礼遇、赞同和帮助就会产生吸引心理,形成友谊关系。反之,则会产生敌对、抵触、反感、甚至憎恶的心理。

1. 有利于提高个人素质

公关人员的素质就是公关人员的个人修养和表现。教养体现细节,细节展示素质。作为从事公共关系活动的人员,应该从我做起,在每一件小事上都注重礼仪修养,做到“内慧外秀”,才能树立起良好的个人形象。

2. 有利于建立良好的人际沟通

公关礼仪能调解冲突、化解矛盾、消除分歧、增进理解、达成谅解、调适人际关系,使人与人之间趋于和谐,最终建立起相互尊重、彼此信任、友好合作的关系,进而有利于各种事业的发展。

3. 有利于提升组织的形象

公关礼仪的基本目的就是树立和塑造企业及个人良好的形象。企业在从事经营活动的过程中，难免会碰到这样或那样不顺畅的事情。这些事情如果处理不当，不仅使公众对公关人员的印象不佳，而且还会影响企业的形象。所谓个人形象就是个人在公众观念中的总体反映和评价。良好的礼仪修养是公关人员必备的素养，是公关工作的前提。知礼、守礼才能保证与人正常交往，良好交往才能赢得人们的尊敬。塑造一个良好的个人形象，同时也塑造出良好的组织形象，才能更好地开展公关工作。否则，不仅损害个人形象，也损害组织形象。

(三)公关礼仪的原则

1. 真诚尊重的原则

真诚是对人对事的一种实事求是的态度，是待人真心真意的友善表现。真诚和尊重首先表现为对人不说谎、不虚伪、不骗人、不侮辱人。所谓“骗人一次，终生无友”。真诚主要表现为对他人的正确认识，相信他人，尊重他人，所谓心底无私天地宽。真诚的奉献，才有丰硕的收获。只有真诚尊重方能使双方心心相印，友谊地久天长。

2. 平等适度的原则

平等在交往中表现为不要骄傲，不要我行我素，不要自以为是，不要厚此薄彼，更不要傲视一切、目中无人，更不能以貌取人，或以职业、地位、权势压人，而是应该时时处处平等谦虚待人。唯有此，才能结交更多的朋友。适度的原则是交往中把握分寸，根据具体情况、具体情境而行使相应的礼仪。如在与人交往时，既要彬彬有礼，又不能低三下四；既要热情大方，又不能轻浮献媚。

3. 自信自律的原则

自信是社交场合一份很可贵的心理素质。一个充分有信心的人，才能在交往中不卑不亢，落落大方，遇强者不自惭，遇到磨难不气馁，遇到侮辱敢于挺身反击，遇到弱者会伸出援助之手。

4. 信用宽容的原则

信用即讲信誉的原则。孔子说：“民无信不立。”在社交场合，尤其要讲究的首先是守时。与人约定时间的约会、会见、会谈、会议等，决不拖延迟到。二是守约。与人签订的协议、约定和口头答应的事，要说到做到，即所谓：言必信，行必果。没有十分的把握就不要轻易许诺他人，以免许诺做不到，反落个不守信的恶名。宽容是一种较高的境界，容许别人有行动与见解自由，对于不同于自己和传统观念的见解要有耐心公正的理解。站在对方的立场去考虑一切，是争取朋友最好的方法。

(四)公关礼仪的特点

1. 民族性

不同的民族由于自然条件、地理环境、生活习惯的不同，会产生不同的礼貌、礼节和礼仪。

2. 公德性

礼仪要受社会公德的制约。社会公德，即在一定社会范围内，长期以来逐渐形成的一种被大多数社会成员认可施行的思想和行为规范，是人们评价善、美、恶、丑的习惯性标准，具有约定俗成的本质属性。礼仪不能违背这些社会公德。

3. 沿袭性

社会不断发展,历史不断前进,礼仪作为人类生产生活的一个有机组成部分不可能是一成不变的。但是礼仪习惯和礼仪制度的变化又不是剧烈的、飞跃式的,而是在延续、继承的前提下缓慢发展。

案例

20 世纪 30 年代世界经济一度处于大萧条中,全球旅馆业经历了倒闭风潮。希尔顿旅馆也负债 50 万美元,但这家老板没有灰心丧气,教导员工在接待旅客时千万不可愁云满面。他说,希尔顿旅馆服务人员脸上的微笑,永远是属于旅客的。自此,员工们的微笑服务使旅客对希尔顿旅馆充满了信心,在社会经济普遍不景气背景下,不仅挺过萧条,而且在旅馆业中一枝独秀。

案例分析

结合案例,谈谈你对公关礼仪的一些理解。

(五)公关人员的礼仪修养

1. 真诚

交往时,待人真心诚意,心口如一,才会得到别人的信任;表里不一,口是心非,缺乏诚意,即使在礼仪形式上做到无可指摘,最终还是得不到他人的信任,使交往难以继续。

2. 热情

公共关系人员对人要有热情。热情会使人感到亲切、温暖,从而缩短他人与你的感情距离,愿意与你接近、交往。但过分热情,容易使人认为你是虚情假意而有所戒备,让人无意中筑起一道心理防线。过多的语言吹捧、勉强他人吃饭喝酒,会使人不堪负担,陷于难堪。而交往时冷冰冰,又会使人难以接近,让人产生误解。

3. 温和

温和的人说话和气,一般比较有耐性,待人不严厉、不急躁、不粗暴。这样的人态度亲切,乐意听取他人的意见,有事能与他人商量,容易同他人建立亲近的关系。公共交往中需要这种性格的人。但温和不能唯唯诺诺,过分顺从,缺乏个性和主见。这样会令人轻视,不利于交际。

公关人员需与公众——不同思想性格的人打交道,要处理各种各样的问题。对对方的误解、无礼,要有气量,宽大为怀;要允许不同观点的存在,也要原谅他人对你的利益的无意侵害。你谅解了他人的过失,允许别人与你的不同,可以化解矛盾,赢得他人的敬重,有利于事态发展。

4. 大方

公关人员需要代表组织与社会各界人士联络沟通,参加各种社交活动,所以要讲究姿态和风度,既要稳重端庄,又要落落大方、举止自然。讲话、表演、行为等都要大方,表现出自信和成熟,使人感到你所代表的组织的品格。

5. 幽默

公关人员应当争取交往中的有利位置。言谈应幽默风趣，使他人觉得因为有了你而使气氛兴奋、活跃，同时可以从你身上得到启发和鼓励。这样，你就会成为交往中的核心。他人乐于与你在一起，将有利于你开展有关工作。

6. 注意小节

有的人做事大大咧咧，行为没有节制，不拘小节，如进入他人会议室推开门就往里闯，展览会上随便触摸展览品，当众掏鼻孔、剔牙齿等。这些行为反映出个人的行为修养较差。在注重礼仪的社会交往场合，不注意小节的人很难受欢迎。公关人员，注意小节、彬彬有礼是最起码的交往行为修养。

总之，开展公共关系工作的人，应是一些具备优良素质的公关人员。良好的公关礼仪修养是公关人员优良素质的体现，也是搞好公关礼仪的基础。

案例

一位女推销员在美国北部工作，一直都穿着深色套装，提着一个男性化的公文包。后来她调到阳光普照的南加州，仍然以同样的装束去推销商品，结果成绩不够理想。后来她改穿色彩淡的套装，换了女性化的皮包，使自己更有亲切感。着装的这一变化，使她的业绩提高了。

案例分析

如果你是一个公共关系从业人员，应该从哪些方面注意自己的礼仪修养？

技能实训

模拟汽车4S店开业庆典筹备工作、议程安排及庆典的规范服务，了解庆典活动的类型，理解庆典活动的整体策划、组织，并能熟练应用与庆典活动相关的技能。

1. 准备工作

(1)场地设施：模拟庆典会场。

(2)设备设施：接待桌椅、名片、电话、电脑、宣传手册(单)、饮品和赠品等。

2. 实训过程

(1)6人一组，共同制订庆典活动方案。

(2)熟悉参加庆典的嘉宾的个人资料。

(3)对庆典进行必要的准备工作。

(4)与嘉宾联系到达会场的时间等具体内容。

(5)接待前的礼仪准备工作。

(6)嘉宾到达会场之后提供的相关服务的准备工作。

模块小结

(1)中国礼仪的发展包括起源时期、形成时期、变革时期、强化时期。

(2)东西方礼仪在对待血缘亲情方面、表达形式方面、礼品馈赠方面、对待“老”的态度方面、对待时间观念方面、对待隐私权方面存在差异。

(3)礼仪的功能包括教育功能、沟通功能、协调功能、塑造功能、维护功能。

(4)礼仪的原则包括宽容原则、敬人原则、自律原则、遵守原则、适度原则、诚信原则、从俗原则、优先原则。

(5)现代礼仪分为政务礼仪、商务礼仪、服务礼仪、社交礼仪和涉外礼仪。

(6)公关礼仪包括公关礼貌、公关礼节、公关仪式三个要素。

(7)公关礼仪有利于提高个人素质、有利于建立良好的人际沟通、有利于提升组织的形象。

(8)公关礼仪的原则包括真诚尊重的原则、平等适度的原则、自信自律的原则、信用宽容的原则。

(9)公关礼仪的特点包括民族性、公德性、沿袭性。

(10)公关人员应具有真诚、热情、温和、大方、幽默、注意小节等礼仪修养。

思考与练习

(一)填空题

1. 从具体的仪式上看,礼仪产生于原始宗教的________活动中。
2. 从个人修养的角度看,礼仪是一个人________和________的外在表现。
3. 从道德角度看,礼仪是被界定为为人处世的________规范,即行为准则。
4. 从交际角度,礼仪是人际中的一种________。
5. 从传播的角度看,礼仪是一种在人际交往中进行________的技巧。
6. 礼仪是________、________、________和________的统称。
7. 礼仪是一个国家________、________和________的反映。
8. 沟通是为了设定的目标,把________、________和________在个人或群体间传递,并且达成一致的过程。
9. 沟通的两种方式包括________和________。
10. ________、________、________是双向沟通包含的三种行为。

(二)判断题

1. 东方和西方礼仪存在很大的差异。 ( )
2. 与外国人接触一定要遵守中国的礼仪。 ( )
3. 遇到可气的事就怒不可遏,把心里话全部说出来才痛快。 ( )
4. 一边听别人说话,一边考虑自己的事情。 ( )
5. 一听到对方批评自己就激动,马上反驳。 ( )
6. 与人交谈时,要目不转睛地盯着对方看。 ( )
7. 情绪一激动就手舞足蹈,忘乎所以。 ( )
8. 与人交往时,待人要真心诚意,什么都可以告诉对方。 ( )
9. 礼仪要符合社会公德的要求。 ( )
10. 做事要注意小节,不能大大咧咧,不拘小节。 ( )

(三)简答题

1. 礼仪的功能有哪些?
2. 现代礼仪的分类有哪些?
3. 沟通时需要遵循什么准则?
4. 叙述公关礼仪的重要性。
5. 公关礼仪需要遵循的原则有哪些?

模块二　形象礼仪

学习目标

1. 了解仪容修饰及服饰礼仪的原则;
2. 了解仪态礼仪的基本规范;
3. 掌握仪容修饰的基本方法;
4. 掌握在交往交际过程中合理地运用得体的微笑、眼神、表情;
5. 掌握正装选择与着装的基本要求;
6. 掌握着装中配饰的基本要求;
7. 掌握站姿、坐姿、走姿、鞠躬、手势运用、下蹲的基本要求;
8. 塑造良好的接待形象、校园文明礼仪形象、公共场合礼仪形象以及餐饮礼仪形象。

建议课时

24 课时。

一、仪容仪表

(一)仪容仪表概述

一个人的形象在社会交往过程中是构成第一印象的主要因素。你的仪容仪表会影响别人对你的专业能力和任职资格的判断。美国销售大师法兰克・贝格说过:"外表的魅力可以让你处处受欢迎,不修边幅的销售员给人留下第一印象时就失去了主动。"

仪容主要是指人的容貌,包括发型、面部、颈部和手部。仪容礼仪要求人的容貌、形体和体态协调美,是指内在美的外表体现。内在美是本质,仪容是经过修饰打扮而形成的仪表修饰美。

仪表指人的外表,包括人的容貌、发型、着装等方面。仪表礼仪是指一个人的仪表要与他的年龄、体形、职业和所在的场合吻合,表现出一种和谐。这种和谐能给人以美感,增进人与人之间的好感。

仪容仪表礼仪从微观上讲,是个人形象的表现,是自尊自爱的表现;从宏观上讲是公司形象的标志,公司服务水平和管理水平的体现;从客观上讲,反映了新一代公民的精神面貌和服务修养。

(二)仪容礼仪的基本要求

在人际交往中,每个人的仪容都会引起交往对象的特别关注。人无法选择自己的容貌,但可以适当地修饰自己的容貌。仪容礼仪的整体要求是大方,包括一个人的头部和面部,如头发、脸庞、眼睛、鼻子、嘴巴和耳朵等方面保持良好的礼仪规范和要求。

1. 头发

(1)男士发饰要求:头发干净整洁、无汗味、没头屑,一般要求每天洗头,保持头发的干净整洁;头发不宜过长,20 天左右修剪一次,要求前不遮额头、侧不盖耳朵、后不盖衣领;头发最长 7 ~ 10cm,最短 3 ~ 5cm。头发可适当修饰,可根据自己的脸型选择不同发型,但不要使用过多定型产品。商务社交中不宜留长发、烫发、染发。男士职业发型如图 2-1 所示。

(2)女士发饰要求:头发干净整洁、无头屑,一般要求隔天洗头;在工作场合中做到前发不挡眼,后发不过肩,长发过肩者上岗时应该盘发、束发(如护士、空姐等)。发饰修饰可根据自己的脸型选择不同发型,不烫染夸张颜色,不佩戴夸张头饰。女士职业发型如图 2-2 所示。

图 2-1　男士职业发型

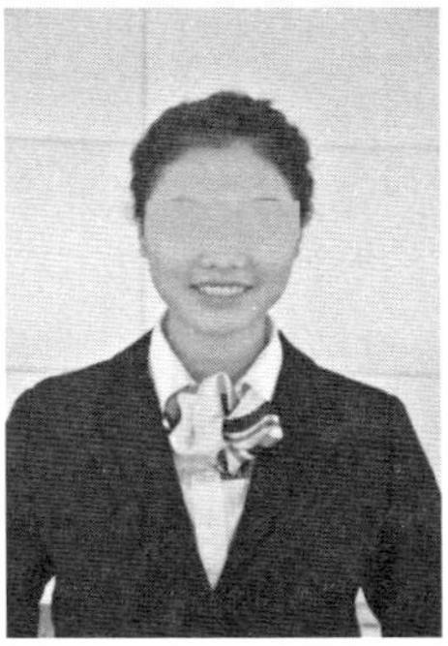

图 2-2　女士职业发型

(3)发型与脸型。脸型(图 2-3)是决定发型的最重要的因素之一,而发型由于其可变性又可以修饰脸型。不同的脸型用不同的发型进行修饰,更能体现气质。

图 2-3　脸型类型

椭圆形脸:最完美的脸型。采用长发和短发都可以,但应尽可能注意把脸显现出来,突出这种脸型的美感,而不宜把脸遮盖过多。

长形脸:长脸型的人要在前额处留下刘海,以缩短脸的长度。还可在两边修剪少许短发,盖住腮部。

圆形脸:合适的发型应该是把圆的部位盖住,显得脸长一些。头发侧分可以增加高度。用吹风机和圆齿梳将头顶吹高,两边的头发略盖住脸庞,头发宜稍长。头发倒分,长过下巴是最理想的。

方形脸:顶部蓬松的头发使脸变得稍长,往一边梳的刘海会使前额变窄。头发宜长过腮部,并尽量往一侧梳,造就不平衡感,可缓解四方脸的缺陷。

男士发型也可以根据脸型进行选择。国际上最常见的男士商务发型有板寸发型、毛寸发型、碎发发型、分头发型 、背头发型。

2. 面部

早晚应使用适合自己的洗面奶进行脸部的深度清洁,保证面部的干净整洁。注意休息,保证充足睡眠,常做运动,保持良好的精神状态。

眼睛要定时清洁,以免有分泌物残留在眼角。眼睛尽量不充血,不斜视,保持眼镜端正、洁净明亮。工作时不戴墨镜或有色眼镜。

保持口气清新,早晚要刷牙,饭后要漱口,牙齿整齐洁白,口中无异味,嘴角无泡沫,会客时不嚼口香糖等食物。

男士坚持每天剃刮胡须,鼻毛不准出鼻孔,切忌在他人面前挖鼻孔、拔鼻毛。

女士在工作中可适当化淡妆。得体的妆容不仅能够大大提升个人形象,还是尊重别人的表现。在商务礼仪中,化妆讲求的是得体、大方、庄重。切忌在他人面前化妆、补妆。

3. 手部

要保持手部的清洁卫生。指甲缝中不能留有污垢;指甲要常修剪,不留长指甲,指甲的长度不应超过手指指尖;女士不涂有色的指甲油。

个人仪容注意事项:不要在人前“打扫个人卫生”,比如剔牙齿、掏鼻孔、挖耳屎、修指甲、搓泥垢等。否则,不仅不雅观,也不尊重他人。与人谈话时应保持一定距离,声音不要太大,不要对人口沫四溅。

(三)着装礼仪的基本要求

着装礼仪是人们在交往过程中为了相互表示尊重与友好,达到交往的和谐而体现在着装上的一种行为规范。要想塑造一个真正美的自我,首先就要掌握着装的礼仪规范,让和谐、得体的穿着来展示自己的才华和美学修养,以获得更高的社交地位。

1. 着装礼仪的基本原则

穿着打扮因个人喜好的不同,方式也不同,产生的效果也不同。但着装要想达到大众审美的标准,还是要遵循一定的原则。

(1)着装的整洁原则。整洁是着装的最基本原则,要求保持着装的干净合体、全身整齐有致。着装整洁的人总能给人以积极向上的感觉,并且也表示出对交往对方的尊重和对社交活动的重视。

(2)着装的个性原则。不同的人由于年龄、性格、职业、文化素养等各方面的不同,个人的气质、风格也不一样。因此在选择服装时,根据自身的情况选择适合自己的,让服饰尽显自己的风采。不论是高矮胖瘦,年轻的还是年长的,只要根据自己的特点,用心地去选择适合自己的服饰,总能塑造出自己的独有神韵。着装切忌盲目模仿别人、盲目追赶时髦,要综合考虑自身的因素,穿出个性。

(3)着装的T. P. O原则。T. P. O原则是指着装要遵循时间、地点、场合。在不同的时间、地点、场合要穿着不同类型、不同风格的衣服。一件被认为漂亮的服饰不一定在所有的时间、地点、场合都是适用的。着装的时间原则,包含每天的早、中、晚时间的变化,春、夏、秋、冬四季的不同和时代的变化。着装的地点原则是指环境原则,即不同的环境需要与之相适应的服饰打扮。着装的场合原则是指符合场合气氛的原则,即着装应与当时当地的气氛融洽协调。

2. 服饰的色彩搭配

服饰是一种无声语言,是人的第二张面孔。而色彩在服饰中有"远看色彩近看花,七分颜色三分花"的重要作用。色彩搭配得当会给服饰增添光彩。

服饰色彩的相配应遵循一般的美学常识,应在统一的基础上寻求变化,肤与服、服与饰、饰与饰之间在变化的基础上应寻求平衡。一般认为,衣服内与外、上与下的颜色,衣服中某一色与饰物的颜色均可进行呼应式搭配。一般可用色环作为色彩搭配的辅助工具。色彩的搭配无论使用哪一种配色方案,都应遵循三色原则,即除了黑白无色系外,全身服饰的颜色不得超过三种。

服装色彩搭配一般有三种方法:

(1)同色搭配:即由色彩相近或相同,明度有层次变化的色彩相互搭配造成一种统一和谐的效果。如:青配天蓝,墨绿配浅绿,咖啡配米色,深红配浅红等。同类色配合的服装显得柔和文雅。搭配上宜掌握上浅下深、上明下暗,以营造整体上稳重踏实之感。

(2)近似色搭配:色彩学把色环上大约90°以内的邻近色称之为近似色。如:红色与橙红或紫红相配,黄色与草绿色或橙黄色相配等。近似色搭配时,两个色的明度、纯度要错开,如深一点的蓝色和浅一点的绿色配在一起比较合适。

(3)主色搭配:指选一种起主导作用的基调和主色,再搭配相应的各种颜色,造成一种互相陪衬、相映成趣之效。采用这种配色方法,应首先确定整体服饰的基调,其次选择与基调一致的主色,最后再选出多种辅色。主色调搭配如选择不当,容易造成混乱不堪的感觉,有损整体形象,因此使用这种色彩搭配的时候要慎重。

色彩的搭配除了要遵循配色的方法外,还要考虑色彩与年龄、色彩与体型、色彩与肤色的和谐搭配。

一般情况下,年轻人可穿着鲜艳色彩,以体现年轻人朝气蓬勃的青春美;中老年人的着装则要注意庄重、雅致、含蓄,充分表现出成熟、端庄之美。

体形不同的人在选择颜色时也要有所区别。身材高大的人,服色宜选择深色、单色为好,太亮太淡太花的色彩都有一种扩张感,使着装者显得更高更大;较矮的人,服色宜稍淡、明快柔和些为好,上下色彩一致可以造成修长之感;较胖的人,服色应以冷色调为好,过于强烈的色调就更显得胖;偏瘦的人,服色应以明亮柔和为好,太深太暗的色彩反而显得瘦弱。

色彩与肤色之间也要注意协调搭配。服饰的色彩会作用于人的肤色而使人对肤色的感觉发生变化。不同肤色的人应根据自己的肤色进行选择。一般认为:肤色发黄或略黑,肤质粗糙的人，不宜选择色调过深或过浅的色彩。色彩过深会加深肤色偏黑的感觉，使肤色毫无生气；色彩过浅会反衬出肤色的黝黑，同样会令人显得黯淡无光。这种肤色的人最适宜选用的是与肤色对比不强的粉色系、蓝绿色系。最忌色泽明亮的黄色、橙色、蓝色、紫色或色调极暗的褐色、黑紫色、黑色等。肤色略带灰黄，则不宜选用米黄色、土黄色、灰色的服色，否则会显得精神不振和无精打采。肤色发红，则应配用稍冷或浅色的服色，但不宜使用浅绿色和蓝绿色，因为这种强烈的色彩对比会使肤色显得发紫。

职业女性穿着职业女装活动的场所是办公室，低彩度可营造沉静的气氛，使工作其中的人专心致志、平心静气地处理各种事务。职业女性着正装的环境多在室内有限的空间里，而人们又希望获得更多的私人空间，穿着低纯度的色彩会增加人与人之间的距离，减少拥挤感。

3. 男士职业着装礼仪

西装通常是较为正式场合男士职业着装的首选服装。因此，在正式场合，西装的穿着是否符合规范可以体现一个人的礼仪修养。

(1)男士西装的分类。

①按穿着场合分，可分为礼服和便服两种。礼服又可以分为常礼服(又叫晨礼服，白天、日常穿)、小礼服(又叫晚礼服，晚间穿)、燕尾服。礼服要求布料必须是纯黑毛料，下身需配黑皮鞋、黑袜子，上身配白衬衣、黑领结。便服又分为便装和正装。商务场合人们一般穿的都是正装。正装一般是深颜色、毛料(含毛在70%以上)，上下身必须是同色、同料，做工良好。在一般正式场合也可以以民族传统服装代替正装。图2-4为西装样式。

图2-4　晨礼服、燕尾服、正式西装

②按西装件数分，可分为单件、二件、三件套西装。单件套西装也称便装，即一件与裤子不配套的西装上衣，仅适用于非正式场合；二件套西装包括一件上衣和一条西裤；三件套西装包括一件上衣、一条西裤和一件背心。按照人们的传统看法，三件套西装比两件套西装更显正规，是参加高层次对外活动时的首选。

③按西装上衣的纽扣排列分，西装上衣可分为单排扣和双排扣西装。单排扣西装上衣最常见的有一粒纽扣、两粒纽扣、三粒纽扣三种。一粒纽扣、三粒纽扣单排扣西装上衣穿起来较时髦，而两粒纽扣的单排扣西装上衣则显得更为正规，是正式场合的首选。男士常穿的单排扣西服款式以两粒扣、平驳领、高驳头、圆角下摆款为主。而双排扣西装上衣最常见的有两粒纽扣、四粒纽扣、六粒纽扣等三种。两粒纽扣、六粒纽扣的双排扣西装上衣属于流行的款式，而四粒纽扣的双排扣西装上衣则明显具有传统风格。男士常穿的双排扣西装是六粒扣、枪驳领、方角下摆款。图2-5所示为单排扣西装。

a)单排一粒扣西装　　b)单排两粒扣西装　　c)单排三粒扣西装

图2-5 单排扣西装

(2)西装的选择与穿着。

①西装及衬衫的选择。

在国际服装礼仪标准中,西装的首选颜色为藏蓝色,其次为黑色。一般有暗条图案的较为流行。

西装上衣下摆长度以刚刚超过臀部为宜,过长或过短均不适合在正式场合穿。袖口应短于衬衫袖口的1~3cm,露出衬衫的装饰扣为宜。在选择西装时不要选择过宽或过窄的西装,过窄的西装会使扣子张开、领子翻开、后面开叉翻开。西装的领子选择标准领永远不会过时。男士标准西装穿着如图2-6所示。

图2-6 男士标准西装穿着

西裤在正式场合中应该与西装上衣配套,西裤的长度以前面能盖住脚背,后边能遮住1cm以上的鞋帮为宜。因西装讲究线条美,所以西裤必须要有中折线。

男士西装衬衫选择的面料应为高织精纺的纯棉、纯毛面料,或以棉、毛为主要成分的混纺衬衫。颜色以单一色为主,白色为首选。正装衬衫应以无图案为最佳,亦可选择竖条纹的,但应为细纹、暗纹的图案。衬衫下摆的长度应到臀部,袖口超过西装外套袖口1~3cm为宜。衬衫领子应高于外套的领子。

②男士西装着装的规范。

男士西装的穿着与搭配应该遵循一定的原则和规范,穿着过程中特别要注意扣子的扣法、西装口袋运用、配饰的合理搭配。

男士西装着装的三一定律指的是穿西服套装时,鞋子、腰带、公文包应为同一颜色。

男士西装着装的三色原则指的是穿西服套装时,全身的色系不能多于三种(含三种),包括上衣、下衣、衬衫、领带、鞋子、袜子、配饰在内。黑、白、灰为无色系,可不计入颜色种类中。

西装的扣子扣法:三粒扣的西装只扣上面两粒扣,也可只扣中间一粒扣。三粒扣只扣中间一粒扣的布雷泽式样,是运动西装的标准形式,也可以作为一般套装使用。

两粒扣只扣上边一粒的套装形式,被看作"中性"装束,亦被视为准西装,适应的场合最为广泛。

双排扣西装的扣子一定要全部扣上。

西装背心(马甲)的扣子:西装背心有六粒扣与五粒扣之分。六粒扣最下面的那粒可以不扣,而五粒扣的则要全部都扣上。这时西装外衣的扣子可以不用扣上。

西装外套扣子在日常办公场合中可扣可不扣,但在正式场合中必须按照规范要求扣上。在正式会议场合中如坐着,可将扣子打开。

西装的口袋：西装套装的口袋有上衣的外袋和内袋之分。裤装的袋子和上衣外袋只作装饰，不可以用来装任何东西，但必要时可装折好花式的手帕。西装左胸内侧衣袋，可以装票夹（钱夹）、小日记本或笔。右侧内侧衣袋，可以装名片、香烟、打火机等。裤子前兜与上衣袋一样，不能装物，以求裤型美观。但裤子后兜可以装手帕、零用钱等。

衬衫的穿着规范：在穿着中，衬衫衣领的最上方第一粒纽扣在打领带时一定要扣好。衬衫的袖口一般以露出西装袖口以外1～3cm为宜。衬衫的下摆不可过长，而且下摆要掖到裤腰里。不穿西装外套只穿衬衫打领带仅限室内，而且正式场合不允许如此着装。

图2-7　男士正装皮鞋

皮鞋的穿着规范要求：鞋子最能够反映出一个男人修养和品位。正装鞋子是黑色、系带、制式的皮鞋。男士的皮鞋应以深色为主，如黑色、深棕色或深灰色，不要穿太陈旧的皮鞋。皮鞋要干净，跟不要太高，如图2-7所示。

袜子的穿着规范：在穿着正装时应穿深色，质地为纯棉、纯毛的长筒袜，国际标准的袜子长度应该到小腿肚。颜色以深色为主，如棕、深蓝、黑或深灰色，无图案最好，几何图案亦可。但不要穿质薄透明的尼龙或丝质袜子，尤其是不能穿白袜子。切勿光脚穿皮鞋。

领带的选择及系法：西方有这样的谚语“女人不嫌鞋子多，男人不嫌领带多”。的确，男人的衣柜里可以只有一件西服，但决不可以只有一条领带！男士的领带比其他外观更能左右人们对他身份、地位、信用、个性及能力的观感。所以，男士们要懂得领带的搭配，合理使用领带能够尽显绅士风采，给人留下深刻的印象。

领带可谓是西装的灵魂。面料应以真丝或羊毛为主。色彩可选择单色或多色，但切勿多于三色。颜色应和谐不刺眼，色调应与衣装一致。图案以单色无图案、条纹、圆点、方格为主。

系好的领带一般长度应是领带尖盖住皮带扣，不宜短于皮带扣，也不宜超过皮带扣。领带夹放在衬衫从上往下数的第四粒纽扣处，西服扣上扣子后应看不到。领带宽度应与西装外套的翻领宽度协调。领带的长度与宽度要求如图2-8所示。

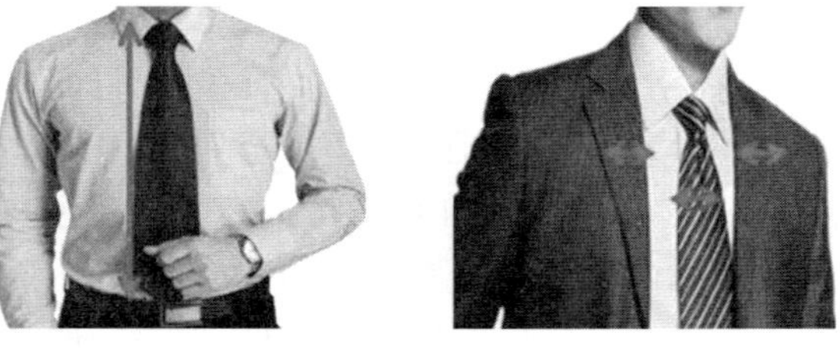

a)领带长度系好后到皮带处　　b)宽度与西装翻领宽度协调

图2-8　领带的长度与宽度要求

领带选用注意事项：

注意场合：打领带意味着郑重其事。在一般工作场合中如非工作岗位需要，一般不打领带。

注意与之配套的服装：穿着休闲装、夹克等不能打领带。

注意性别：为男性专用饰物。女性一般不用，除非制服或作装饰用。

领带的长度以自然下垂最下端（即大箭头）及皮带扣处为宜。

领带夹:一定要用高质量的,要注意夹的部位。领带夹用于固定领带,使之不会乱飘动。一般领带夹固定在衬衣第四至五粒扣上下的位置。

领带的结法:要求领带打完后,所形成的结挺括、端正,外观呈倒三角形。

常见的领带系法主要有以下几种:

平结领带系法:平结为最多男士选用的领结打法之一,几乎适用于各种材质的领带。要诀:领结下方所形成的凹洞需让两边均匀且对称。具体步骤如图 2-9 所示。

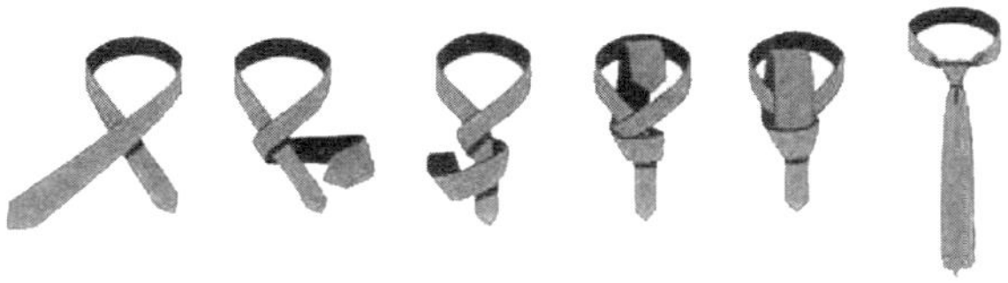

图 2-9 平结系法

交叉结领带系法:这是对于单色素雅、质料较薄的领带适合选用的领结。喜欢展现流行感的男士不妨多使用“交叉结”。具体步骤如图 2-10 所示。

图 2-10 交叉结系法

双环结领带系法:一条质地细致的领带再搭配上双环结颇能营造时尚感,适合年轻的上班族选用。该领结完成的特色就是第一圈会稍露出于第二圈之外。具体步骤如图 2-11 所示。

图 2-11 双环结系法

温莎结领带系法:温莎结适合用于宽领型的衬衫。该领结应多往横向发展。应避免材质过厚的领带,领结也勿打得过大。具体步骤如图 2-12 所示。

图 2-12 温莎结系法

双交叉结领带系法:这样的领结很容易让人有种高雅且隆重的感觉,适合正式活动场合选用。该领结应多运用在素色且丝质领带上,适合搭配大翻领的衬衫且有种尊贵感。具体步骤如图 2-13 所示。

图 2-13　双交叉结系法

4. 女士套装着装与选择

女性的服装比男性更具个性，合体、合意的服饰能增添女性的自信。商界女性在正式场合的着装以裙装为佳。在所有适合商界女性正式场合所穿的裙式服装之中，套裙是名列首位的选择，如图 2-14 所示。著名设计师韦斯特伍德说："职业套装更能显露女性高雅气质和独特魅力。"在一般正式场合中，女性也可选择裤装套装。如选择裤装套装时，裤子的长度应盖过脚踝。

图 2-14　女士职业套装

(1) 套裙的选择。

西服套裙是女性标准的正装着装，可塑造出专业品味的形象。女式正装上衣讲究平整和挺括，较少使用饰物和花边进行点缀，穿着时要求纽扣应全部系上。面料平整、润滑、光洁、柔软、挺括，不起皱、不起球、不起毛。色彩以冷色调为主，最佳颜色是黑色、藏青色、灰褐色、灰色和暗红色，体现出典雅、端庄、稳重。图案是以无图案或格子、圆点、条纹为主，不宜过多的点缀。造型有 H 形、X 形、A 形、Y 形。

套裙的穿法：长短适宜、穿着到位、协调妆饰、兼顾举止。女士正装裙子以窄裙为主，年轻女性的裙子下摆可选择在膝盖以上 3 ~ 5cm，但不可太短；中老年女性的裙子则应选择下摆在膝盖以下 3cm 左右。真皮或仿皮的西装套裙均不宜在正式场合穿着。

(2) 衬衫的选择。

面料要求轻薄而柔软，可选择真丝、麻纱、纯棉、雪纺。色彩要求雅致而端庄，且不失女性的妩媚。只要不过于鲜艳，不和套裙的色彩排斥，各种色彩的衬衫均可。衬衫色彩与套裙的色彩协调，内深外浅或外浅内深，形成深浅对比，最好无图案。穿衬衫的注意事项：衬衫下摆掖入裙腰里，纽扣一一系好。不可在人前脱下上衣外套，直接以衬衫面对对方。

(3) 鞋袜。

鞋袜是女性的"脚部时装"和"腿部时装"。鞋以高跟、半高跟黑色牛皮船鞋为宜，也可选择与套裙色彩一致的皮鞋。鞋子穿着应舒适，美观大方。正式场合中女士皮鞋要前不露指，后不露跟。建议鞋跟高度 3 ~ 5cm，以细高跟为佳，如图 2-15 所示。皮鞋要定期进行保养，无脱皮损坏。鞋跟不应长期磨损露出铁块，以免行进过程中与地面摩擦，发出异响影响他人。

正式场合穿裙子忌光脚穿鞋，应当配长筒袜或连裤袜，颜色以肉色、黑色最为常见。尤其要注意的是，袜口不能露在裙摆或裤脚外边（忌三截腿）。穿着时鞋袜要大小相宜、鞋袜完好无损，鞋袜不可当众脱下，袜子不可随意乱穿，袜口不可暴露于外。

图 2-15　女士正装皮鞋

(4) 女士饰物佩戴礼仪。

提包：女士用的提包不一定是皮包，但必须质地好、款式庄重,款式、颜色等与服装相配。

丝巾:正式场合使用的丝巾要庄重、大方,颜色要兼顾个人爱好、整体风格和流行时尚及整体搭配,可选择典雅、庄重的图案。丝巾的系法可根据丝巾形状大小和个人的喜好进行选择。

女性首饰:泛指耳环、项链、戒指、手镯、手链、胸针等。佩戴时以少为佳、同质同色、风格划一。注意首饰在佩戴过程中应做到三“不戴”:有碍于工作的不戴,炫耀其财力的不戴,过于夸张或个性化的不戴。

二、仪态礼仪

仪态,是指一个人的姿态和举止的风度。姿态是指一个人身体显现出来的样子,如站立、行走、弓身、就座、手势等。而风度则是一个人内在气质的外在表现。一直以来对于人的仪态要求就是“站如松、坐如钟、行如风”。

仪态属于人的行为美学范畴。它既依赖于人内在气质的支撑,同时又取决于个人是否接受过规范和严格的体态训练。仪态的美丑,往往还是鉴别一个人是高雅还是粗俗、是严谨还是轻浮的标准之一。

(一)站姿

站立是人们生活交往中的一种最基本的举止,是人静态的造型动作。优美、典雅的站姿是展现人的不同静态美的基础和起点。优美的站姿能显示出个人的自信,衬托出美好的气质和风度,并给他人留下美好的印象。

1. 站姿的总体要求

身体立直,抬头挺胸,下颌微收,双目平视,肩平,面带微笑,做到端正、自然、亲切和稳重。由于男士与女士气场性质的不同,站姿脚位要求也不一样。

2. 男士站姿

男士标准站姿如图2-16所示。

男士要求身体立直,抬头挺胸,下颌微收,双目平视,肩平,面带微笑,双脚平行分开,两脚间距离不超过肩宽,一般以20cm为宜。双手手指自然并拢,双手叠放轻贴于腹部或后腰,也叫后背式站姿和前腹式站姿。站立的过程中要做到立腰,避免挺腹或重心后仰。

图2-16 男士标准站姿

3. 女士站姿

女士在站立过程中要求双脚并拢,不能分开,因此女士的站姿有V字形站姿和小“丁”字形站姿。要求身体立直,抬头挺胸,下颌微收,双目平视,肩平,面带微笑。V字形站姿要求脚跟并拢,脚尖打开约呈30°;小“丁”字形站姿要求两脚尖略分开,右脚在前,将右脚跟靠在左脚脚弓处,两脚尖呈小“丁”字形,双手自然并拢,双手叠放、拇指内藏轻贴于腹前,身体重心可放在两脚上,也可放在一脚上,并通过重心的移动减轻疲劳。女士标准站姿如图2-17所示。

图2-17　女士标准站姿

4. 站姿禁忌

两脚分叉分得太开;交叉两腿而站;一个肩高一个肩低;松腹含胸;一只脚在地下不停地划弧线;交腿斜靠在马路旁的树干、招牌、墙壁、栏杆上;不停地摇摆身子,扭伲作态;与他人勾肩搭背地站着;膝盖伸不直。

5. 站姿运用

不同场合的站姿针对不同的群体,所采取的标准站姿侧重点不一样。在不同的场合,人们所采用的站姿也有所区别。

当站着与人交谈时,如果空着手,则可双手在体前交叉,右手放在左手上。若手上拎着皮包,则可利用皮包摆出优美的姿势。不要双臂交叉,更不能两手叉腰,或将手插在裤袋里或下意识地做小动作,如摆弄打火机、香烟盒等。

当与外宾交谈时,要面向对方站立,且保持一定的距离,太远或过近都是不礼貌的。站立的姿势要正,可以稍弯腰,但切忌身体歪斜,两腿分开的距离过大,或倚墙靠柱、手扶椅背等不雅与失礼的姿态。

当向长辈、朋友、同事问候或作介绍时,不论握手或鞠躬,双足应当并立,相距约 10cm,且膝盖要挺直。

当穿着礼服或旗袍时,最好不要双脚并列,要让两脚之间前后距离 5cm,以其中一只脚为重心。

当在等车或等人时,两脚的位置可一前一后,保持 45 度角,这时的肌肉要放松且自然,但仍要保持身体的挺直。

6. 站姿训练

靠墙站立法:身体背靠着墙,让后脑勺、肩胛骨、臀部、小腿、脚后跟五点都能与墙面呈点的接触,用以训练挺拔的站姿。

背靠背训练法:两人一组,背靠背站立训练。

顶书及夹纸训练法:头上顶书,双膝夹一张 A4 纸或很薄的书本。

(二)坐姿

坐姿通常是指人体在坐着时候的姿态,是举止的主要内容之一。生活中无论是学习、参加会议、会客交谈、娱乐休息都离不开坐,坐姿同样有美与丑、优雅与粗俗之分。正确的坐姿能给人一种安详庄重的印象。正确坐姿,应该是在站姿的基础上进行入座,保持颈、胸、腰的平直。

1. 坐姿的基本要求

一般要求从椅子的左侧转到椅子正前方后坐下,入座和起身时要轻而稳,女士着裙装入座时要拢裙后坐下。要坐在椅子的 2/3 处,不可坐满椅子。抬头,面带笑容,双目平视,嘴唇微闭,微收下颌;双肩平正放松,双膝自然并拢,标准坐姿要求双腿正方,脚尖向前,大腿与小腿呈直角;立腰、挺胸、上体自然挺直。两臂自然弯曲放在膝内大腿上,指尖不超过膝盖,女士着裙装时双手叠放压在裙边。在一般正式场合也可将双手放在椅子或沙发扶手上。双腿也可根据需求进行变换,但要求无论变换哪种腿部放置方式,身体始终保持直立,女士要求双腿始终并拢。男士和女士的坐姿如图 2-18 所示。

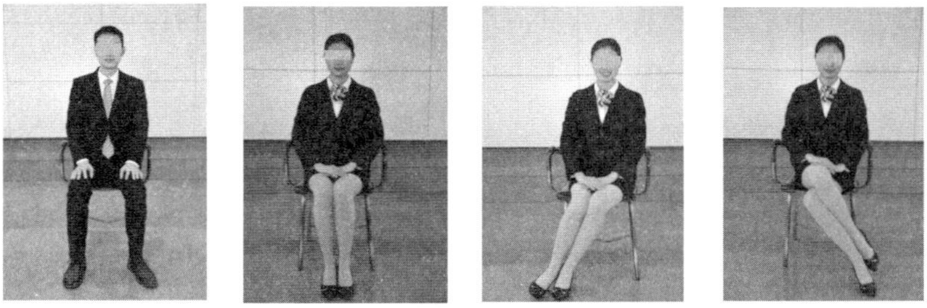

a)男士标准坐姿　b)女士标准坐姿　c)女士侧腿式　d)女士重叠式

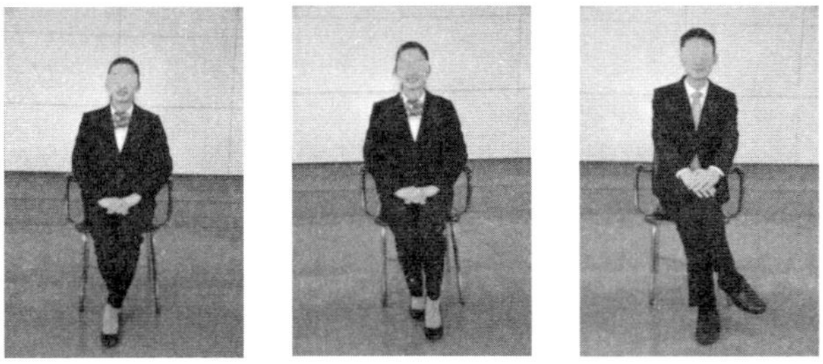

e)女士交叉式　f)女士前后式　g)男士重叠式

图 2-18　男士、女士坐姿

2. 坐姿禁忌

避免把双腿分开伸得很长。尤其是女士坐姿要求两膝不分开。即使想跷腿,两腿也要合并。

避免在别人面前就座时出现仰头、低头、歪头、扭头等情况。

避免抖腿、大幅度跷二郎腿等不礼貌的动作。

避免把背部很舒适地靠在椅子上,让整个人陷在座位当中,那样会给人惫懒的感觉。

3. 坐姿运用

坐姿可分为深坐、中坐和浅坐三种,在日常的交往交际中可根据不同的场合及交往的对象选择相应的坐姿。深坐表示松懈休闲,适合于家中和休闲场合,用于会见非常熟悉的人。中坐表示沉稳严谨,适合应用于正式会议、面试等场合,要求按照标准坐姿的要求入座,保持身体姿态的端庄、稳重。浅坐表示谦虚恭敬,主要用于面见长辈、领导、客户等,要求入座时坐于椅子的 1/3 ~ 2/3 处,保持身体姿态的端庄,交谈过程中身体略微前倾。

4. 坐姿训练

对镜训练法:面对镜子,训练入座、入座位置,检查自身的坐姿。

面对面训练法:两个人为一组,面对面入座训练,提出对方的不足。

(三)走姿

走姿是人体所呈现出的一种动态,是站姿的延续。走姿文雅、端庄,不仅给人以沉着、稳重、冷静的感觉,而且也是展示自己气质与修养的重要形式。

1. 走姿的基本要求

正确的走姿应当身体直立、收腹直腰、两眼平视前方;双臂放松在身体两侧自然摆动以肩关节为轴前后摆动,幅度以 30 ~ 40cm 为宜。前摆约 35°,后摆约 15°,手掌朝向体内;脚尖微向外或向正前方伸出,跨步均匀,步伐稳健,步履自然要有节奏感。起步时,身体微向前倾,身体重心落于前脚掌,行走中身体的重心要随着移动的脚步不断向前过渡,而不要让重心停留在后脚,并注意在前脚着地和后脚离地时伸直膝部。如图 2-19 所示。

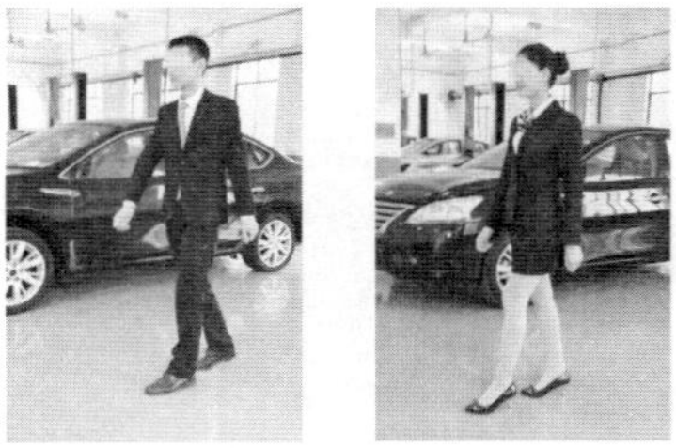

图 2-19　男士、女士走姿

步幅的大小一般两脚之间相距约一只脚到一只半脚,并应根据身高、着装与场合的不同而有所调整。女性在穿裙装、旗袍或高跟鞋时,步幅应小一些;相反,穿休闲长裤时步伐就可以大些,凸显穿着者的靓丽与活泼。

男士女士的步态应有区别,男子步履雄健有力,不慌不忙,展现雄姿英发,英武刚健的阳刚之美。女子步履轻捷、娴雅,步伐略小,走直线,展示出温柔、娇巧的阴柔之美。

2. 走姿注意事项

忌双臂做左右式的摆动。低头后仰,扭动臀部。

忌弯腰驼背,歪肩晃膀,身体松垮,摇头晃脑,无精打采。

忌外八字或内八字。

忌前倾性走姿,即头先前伸出去,腰和臀部后跟上来的走姿。

忌边行走边吸烟、吃零食、吹口哨、整理衣服双手插裤兜中,背着手左顾右盼。

3. 走姿运用

后退步:向他人告辞时,应先向后退两三步,再转身离去。退步时,脚要轻擦地面,不可高抬小腿,步幅要小。转体时要先转身体,头再转。

侧身步:在前面引导来宾时,应走在宾客的左前方。如果双方单行行走,要居于左前方约一米。髋部朝向前行的方向,上身稍向右转体,左肩稍前,右肩稍后,与来宾保持两三步的距离。走在较窄的路面与人相遇,也要采用侧身步,将正面转向他人。

4. 走姿训练

原地摆臂训练:训练行走过程中摆臂的幅度和自然度。

步幅训练:按照标准走姿的步幅进行快步训练。

直线训练法:按照所画直线,将两脚的内脚尖尽量贴在直线上,脚尖平行向前。

(四)蹲姿

蹲姿是人在处于静态时的一种特殊体位。在日常工作生活中,整理工作环境、给予客人帮助、提供必要服务、捡拾地面物品、自我整理装扮等要使用蹲姿。

1. 蹲姿基本要领

下蹲时一脚在前,一脚在后,两腿向下蹲,前脚全着地,小腿基本垂直于地面,后脚脚跟提起,脚尖着地。女性应靠紧双腿,男性则可适度地将其分开。臀部向下,基本上以后腿支撑身体。

2. 常见的蹲姿

(1)交叉式蹲姿。

集体合影前排需要蹲下时,女士可采用交叉式蹲姿。下蹲时右脚在前,左脚在后,右小腿垂直于地面,全脚着地。左膝由后面伸向右侧,左脚跟抬起,脚掌着地。两腿靠紧,合力支撑身体。臀部向下,上身稍前倾。

(2)高低式蹲姿。

下蹲时右脚在前,左脚稍后,两腿靠紧向下蹲。右脚全脚着地,小腿基本垂直于地面,左脚脚跟提起，脚掌着地。左膝低于右膝，左膝内侧靠于右小腿内侧，形成右膝高左膝低的姿态，臀部向下，基本上以左腿支撑身体。

（3）半跪式蹲姿。

左脚平放在地上，左腿自然弯曲向左打开约30°，右脚尖着地，右脚跟翘起，将臀部的重心落在右脚跟上，右膝向下向右打开约60°，两手平放在大腿上，指尖与膝盖取齐，两肘紧贴两肋，上身挺直，昂首挺胸，目视前方。

3. 蹲姿运用注意事项

（1）女士着裙装时下蹲应拢裙后再下蹲，如上衣领口较低时应要用手挡住领口位置。

（2）下蹲时要注意动作缓、稳，不要过于突然，不要离人过近。下蹲完成任务内容后应尽快站起来，不要蹲着休息。

（3）运用蹲姿时脊背保持挺直，臀部一定要蹲下来，避免弯腰翘臀的姿势。

（五）鞠躬

鞠躬礼是人们在生活中对别人表示恭敬的一种礼节，既适用于庄严肃穆、喜庆欢乐的仪式，也适用于一般的社交场合。在一般的社交场合，晚辈对长辈、学生对老师、下级对上级、表演者对观众等都可行鞠躬礼。鞠躬礼在东亚一些国家较为盛行，如日本、韩国等。

1. 鞠躬礼基本要求

在行鞠躬礼时，须脱帽、面部表情根据行鞠躬礼时的场合而变化。行鞠躬礼时是在标准站姿基础上，男士双手自然下垂，贴放于身体两侧裤线处，女士的双手下垂搭放在腹前。行礼时，以腰部为轴，头、肩、上身保持挺直，顺势向前弯腰。下弯的幅度可根据施礼对象和场合决定鞠躬的度数。

2. 鞠躬礼的类型

常见的鞠躬礼有15°鞠躬礼、30°鞠躬礼、45°鞠躬礼、90°鞠躬礼，应用于不同的场合。

15°鞠躬礼，又叫欠身礼，用于多种商务场合，在站、坐、走时均可使用。如与客户交错而过时，面带微笑，行15°鞠躬礼，头和身体自然前倾，低头比抬头慢，目视对方，如图2-20所示。

30°鞠躬礼用于公众场合或接送客户时，行礼度数为看到脚尖前方1.5m处，如图2-21所示。

45°鞠躬礼用于重要场合或面见重要人物，行礼度数为看到脚尖前方1m处，如图2-22所示。

90°鞠躬礼用于庄重的场合，行礼时目光看到脚尖前方0.5m处，如图2-23所示。

图2-20　15°鞠躬礼

图2-21　30°鞠躬礼

图2-22　45°鞠躬礼

图2-23　90°鞠躬礼

3. 鞠躬礼的注意事项

受鞠躬礼应还以鞠躬礼；地位较低的人要先鞠躬，鞠躬要相对深一些。鞠躬礼毕起身时，双目应该有礼貌地注视对方。鞠躬时不能把手插在衣袋里；嘴里不能吃东西或叼着香烟。

（六）手势

手是人体态语中最重要的传播媒介，招手、挥手、握手、摆手等都表示着不同的意义。手势是通过手和手指活动所传达的信息。手势是最具有表现力的一种“体态语言”，要求人们运用恰当，不要在社交场合做一些不合礼仪的手势、动作，否则会给人造成蔑视对方、没有教养的印象，从而影响彼此的交流。如在给客人指引方向时，要把手臂伸直，手指自然并拢，手掌向上，以肘关节为轴，指向目标。

图 2-24　招手

1. 招手

招手手势主要用来向他人表示问候、致敬、感谢、道别等。当你看见熟悉的人，又无暇分身的时候或距离较远语言交流受阻时，用招手的手势，可以立即消除对方的冷落感。动作要领为五指并拢、掌心向外、面向对方、指尖朝向上方，指尖的高度为齐眉的高度，如图 2-24 所示。

2. 指示手势

指示手势是指用以引导来宾，指示方向的手姿。指示手势根据手位的高低及作用可分为高位手势、中位手势、低位手势三种。

高位手势：高位手势主要是指肩及肩以上的指示手势，用于较远或较高的方位，如指示较远方向、较高楼层。手势规范：手掌自然伸直，手指并拢，拇指稍稍自然分开，掌心向内向上、形成 45°的切面，指示远方方向时手臂抬起与肩齐高；指示较高位置时，手腕伸直，使手与小臂成一直线，肘关节自然弯曲，大臂和小臂之间形成约 110°的夹角。在指示方向时忌单指指向，如图 2-25 所示。

图 2-25　高位指示手势

中位手势：中位手势是指从腰部至肩部高度的指示手势，主要用于引导宾客、介绍等。手势规范：手掌自然伸直，手指并拢，拇指稍稍自然分开，掌心向内向上、形成 45°的切面，手臂抬起与腰部齐高；手腕伸直，使手与小臂成一直线，肘关节自然弯曲，大臂和小臂之间形成约 140°的夹角，面带微笑，目光注视被引导者；第三方介绍时，大臂和小臂之间形成约 60°的夹角，面带微笑，目光注视信息接收方，手指向被介绍方。中位指示手势在引导宾客时，在几步远的情况下，需一直保持手势；如果距离远，可以在最开始的时候示意，行走的时候，就可以正常行走,到转弯处再用手势示意,如图 2-26 所示。

引导手势　　第三方介绍手势

图 2-26　中位手势

低位手势:低位手势主要用于指示较低位置时使用,如引导入座、上茶时引导宾客用茶。手势规范:手掌自然伸直,手指并拢,拇指稍稍自然分开,掌心向内向上、形成 45°的切面,手腕伸直低于腰部,手与小臂成一直线,肘关节自然弯曲,大臂和小臂之间形成约 140°的夹角,指向椅子或茶水。面带微笑,目光注视被引导者,如图 2-27 所示。

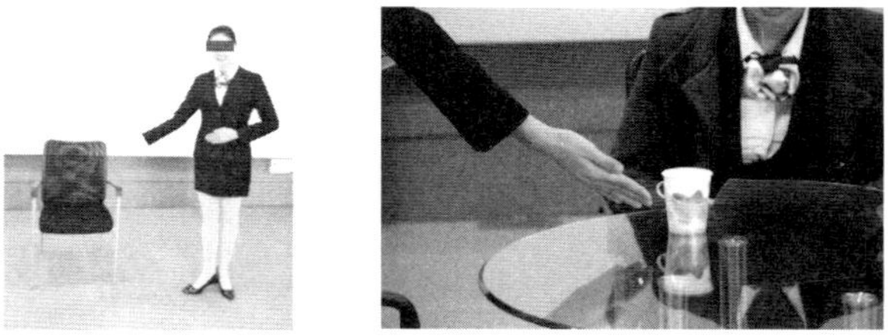

图 2-27　低位手势

三、形象塑造

(一) 良好的接待形象塑造

主人在接待客人时,要根据对方的身份,同时兼顾对方来访的性质以及双方之间的关系,安排接待的规格。注意接待过程中的礼仪礼节,塑造良好的接待形象。

1. 会议的座次礼仪

会议主要分为小型会议、大型会议、日常会客等,会议的座次安排根据会议规格不一样而有所不同,但均要遵循座次礼仪的规范。

小型会议:一般指参加者较少、规模不大的会议,是全体与会者均应排座,不设立专用的主席台。会议座次的安排遵循面门为上、居中为上、以右为上的原则。面对房间正门者是客位,是地位高者;背对房间正门者是主位,是地位较低者,如图 2-28 所示。

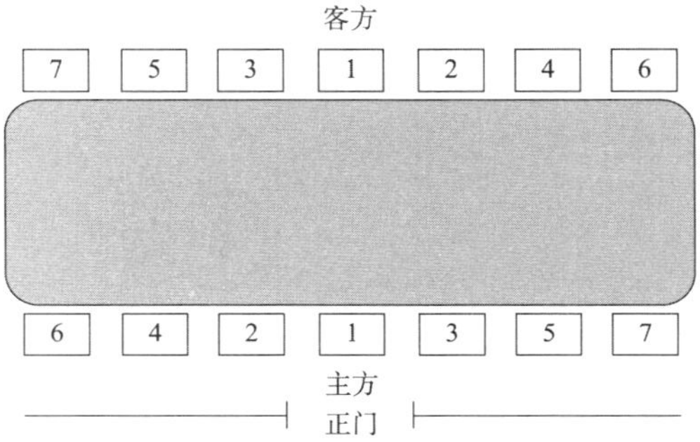

图 2-28　小型会议座次安排

大型会议：一般是指与会者众多、规模较大的会议；会场上应设主席台与观众席，主席台必须认真排座，观众席的座次则可排可不排；大型会场的主席台，一般应面对会场门口；前排高于后排、中央高于两侧，商务会议中右侧高于左侧，政务会议中左侧高于右侧，如图2-29所示。

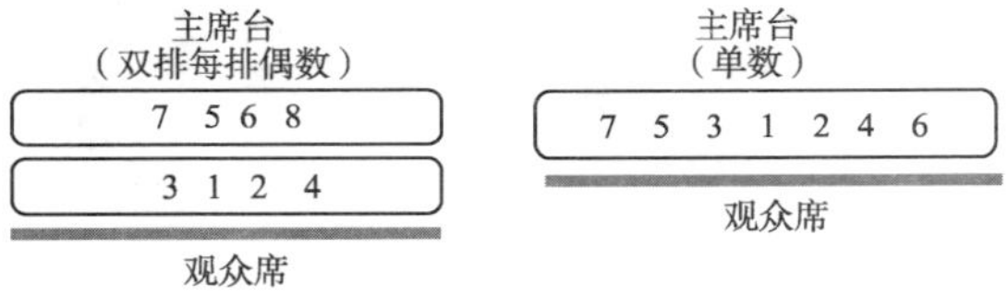

图2-29　大型会议主席台座次安排

会客：会客通常分为相对式、并列式和自由式。相对式的座次安排可参考小型会议的安排；并列式宾主并列而坐，倘若双方都面对房间正门，宾主之间，客人应该坐在主人的右边。自由式通常适用于客人较多，座次无法排列，或者大家都是亲朋好友无须排列座次时，此时根据个人的喜好而就座。

2. 乘车礼仪

在接待中，乘坐交通工具出行是常见的接待方式。乘车一定要分清座次的“尊卑”，并在自己适得其所之处就座。在座次的安排中要遵循“四个为尊，三个为上”的原则，即客人为尊，长者为尊，领导为尊，女士为尊；安全为上，方便为上，舒适为上。但在实际安排座次的过程中要根据不同的车型及驾驶人员性质来安排座次。

（1）双排5座轿车座次安排。

主人作为驾驶员驾车外出时，副驾驶座通常作为主座，后排右一为次主座，后排中间为随员座；有专职驾驶员的情况下，副驾驶座位为随员座，后排右一为主座，如图2-30所示。

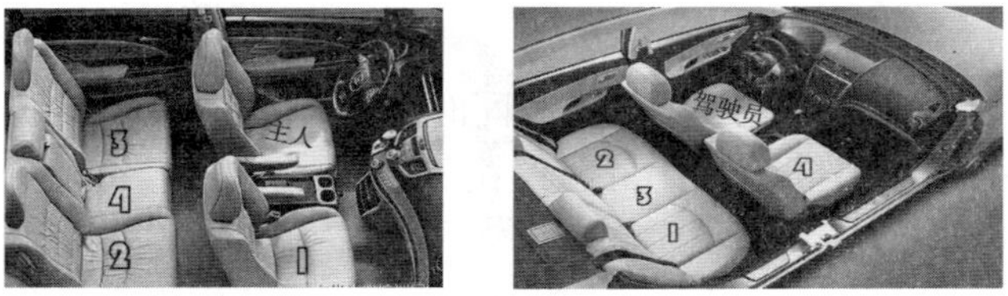

图2-30　双排5人座轿车座次安排

（2）三排7座轿车座次安排。

三排7人座商务轿车的座次安排，如图2-31所示。

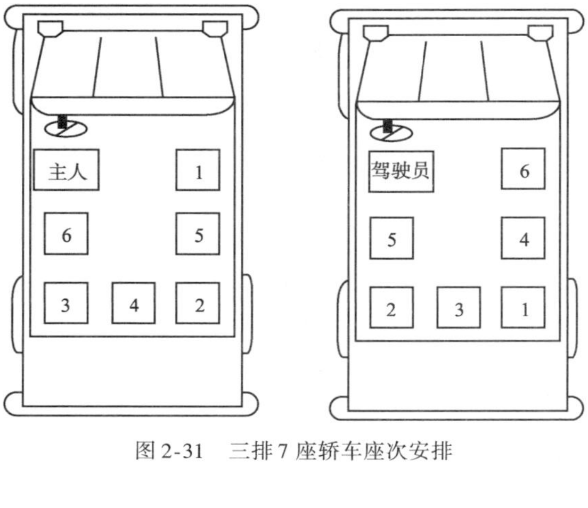

图2-31　三排7座轿车座次安排

（3）越野车驾驶舒适、速度快、动力强，底盘高、视野开阔，通过能力比较强，非常路面上行驶如履平地，但后排座位较为颠簸，因此驾驶越野车时，无论是主人驾车还是驾驶员驾车，副驾驶座均为上座。

3. 乘坐电梯礼仪

随着楼宇智能化的发展，目前绝大多数办公写字楼、商住楼都安装了电梯，乘坐电梯的习惯也体现了个人的素养。

（1）乘坐电梯的公共礼仪：乘坐电梯时要讲究秩序，不要拥挤，当门口等候人很多时要先出后进；进入电梯后的第一个人应该按住开门键，以防电梯门关上夹伤后人，并主动为他人服务；进入电梯后应尽量往里面走，面向电梯门口站成“凹”字形。

（2）接待客人过程中乘坐电梯，遵循先进后出的原则。作为接待方应该先进入电梯控制电梯门和楼层，然后请客人进入；电梯到达楼层后，应请客人先出，自己后出电梯。

（3）乘坐扶梯时，与同伴乘坐尽量要前后站立，不要并排站立，要礼让有急事的人通行。

4. 开关门的礼仪

在接待客人后，将客人引导到目的地后要主动为客人打开房门，一般有两种情况：

（1）向外开门时，先敲门，打开门后把住门把手，站在门旁，对客人说“请进”并施礼。进入房间后，用右手将门轻轻关上。请客人入座，安静退出。此时可用“请稍候”等语言。

（2）向内开门时，敲门后，自己先进入房间。侧身，把住门把手，对客人说“请进”并施礼。轻轻关上门，请客人入座后，安静退出。

5. 茶水礼仪

我国自古就有客来敬茶的传统礼仪，中国人在办公室、家里接待客人时，茶水是必备的；专门举行茶会招待里来宾也是商务活动中常见的活动。在待客上茶的过程中，茶不要太满，以八分满为宜，绝对不允许杯子湿漉漉的；水温不宜太烫，以免客人不小心被烫伤；同时有两位以上的访客时，端出的茶色要均匀。

为来访的客户上茶时，应将茶杯放在托盘上端出去；双手端茶杯，从客人的右方奉上，面带微笑，注视对方，说：“这是您的茶，请慢用！”上茶时，应依职位的高低顺序先端给职位高的客人，再依职位高低端给自己公司的同仁，如图2-32所示。

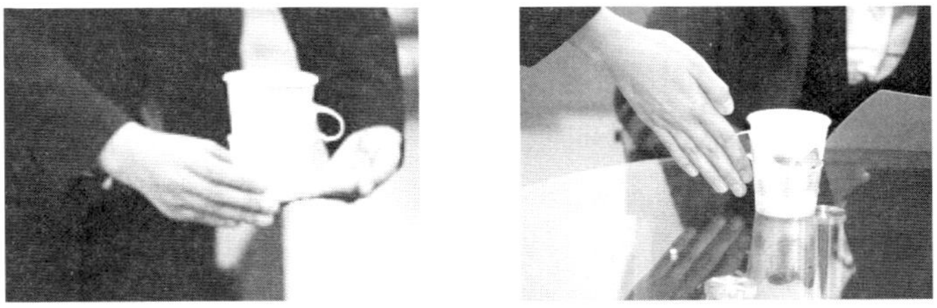

图2-32　茶水礼仪

在奉茶过程中注意手指不要搭在茶杯边上；不要让茶杯撞在客人手上；不要把水洒在客人身上；不要妨碍客人的工作或交谈。

6. 送别礼仪

送客是接待工作的最后一个环节，所谓“出迎三步，身送七步”，有始有终才是真正的送客之道。当来宾提出告别时,主人应当在对方起身之后再站起来。宾主双方握手道别时,应由客人先伸手,主人随后伸手。如果与对方常有来往,主人可以送到办公室门口或电梯门口;如果对方是初次来访,主人应该适当送远些,至少由接待人员送至办公区域之外。

(二)文明的校园形象塑造

校园是学生学习、生活历时较长的场所,是学生习得知识文化和良好习惯的地方。遵守校园文明礼仪规范是学生学习、生活的根基,是学生健康成长的臂膀。

1. 仪容仪表整洁卫生,注意场合

大学生的穿着讲究整洁、朴素大方、协调得体,不穿奇装异服。穿着讲究场合,进入教室应着装端庄,不穿拖鞋背心进教室。讲究个人卫生,养成良好的卫生习惯,衣服鞋袜要常换洗,按时理发和沐浴。

2. 尊敬老师,尊重教师的劳动成果

上课起立,集体行礼。认真听讲,勤做笔记。举手提问,秩序良好。实验课上,规范操作。爱护设施,不搞破坏,在老师课程需要的情况下才能用使用手机。遇到老师要主动问好,上下楼梯、买饭、打水或乘车时对教师应主动礼让。进入老师办公室,先喊“报告”或先敲门,得到老师允许后方可进入;在教师办公室内,尊重教师隐私,不能随便翻动老师的物品。尊重老师的劳动,听从老师的指挥。要尊重老师的习惯和人格,面对老师的提醒和批评,不得顶撞,如有意见,可在课后与老师交换。

3. 团结同学,与同学平等相处

与同学相处,要做到尊重隐私、平等相处、诚实守信。对于同学遭遇的不幸,偶尔的失败,学习上暂时的落后等,不应嘲笑、冷笑、歧视,而应该给予热情的帮助。对同学的相貌、体态、衣着不能评头论足,也不能给同学起带侮辱性的绰号,不能嘲笑同学的生理缺陷。严禁对同学人身攻击,打架斗殴,聚众闹事等违纪违法行为。在宿舍注重公共卫生,合理使用手机、电脑,不影响他人休息。

4. 校园公共场所礼仪

总体要求:校园内自觉保持校园整洁,不乱扔纸屑、果皮、包装袋。不随地吐痰、不乱丢垃圾。爱护公物,不践踏草地,不攀枝摘花;节约用水用电,不开长明灯。校园内行走不占道,不妨碍他人。行车限速,要严格遵守交通法规。

(1)食堂礼仪。在就餐过程中,要遵守秩序,排队打饭,相互谦让。用餐要注意节约粮食,防止浪费,文明就餐。用餐后要及时收拾桌面残食和盘碗,方便他人后续就餐。

(2)图书馆礼仪。图书馆及阅览室内须保持安静和卫生,不要高谈阔论或东跑西走。爱护书刊,不得偷撕资料,不作记号,阅读开架报刊后应按原序摆放。

(3)教室礼仪。不在教室黑板、墙壁和课桌椅上乱涂、乱画、乱抹、乱刻;不穿拖鞋背心进教室,不在教室内饮食;离开教室要主动带走垃圾,保持教室的整洁卫生,关闭门窗水电。

(4)集会及会场礼仪。按时到达会议现场,手机调成震动或静音状态;会议、集会过程中保持安静,认真听讲,不可随意走动、吃零食等,适度鼓掌、以示感谢。会议结束后有序退场,不可拥挤、追逐打闹。

（三）彬彬有礼的餐饮形象塑造

1. 中餐礼仪

中华饮食，源远流长。中国的饮食文化经过两千多年的发展已形成了一套相当完整的制度，规范着人们的饮食行为习惯。中国传统宴饮方式是共享一席的合食方式，既亲切热闹，又显盛情敬意。因此在中餐仪式中要更为注重餐桌礼仪。

（1）用餐前的礼仪。

①座与坐的礼仪规范。

座次：座次总体遵循“尚左尊东”“面门为上”“以远为上”原则。常见的用餐座次安排分为家宴和商务宴请两种，不同的宴请方式安排不一样，如图2-33所示。

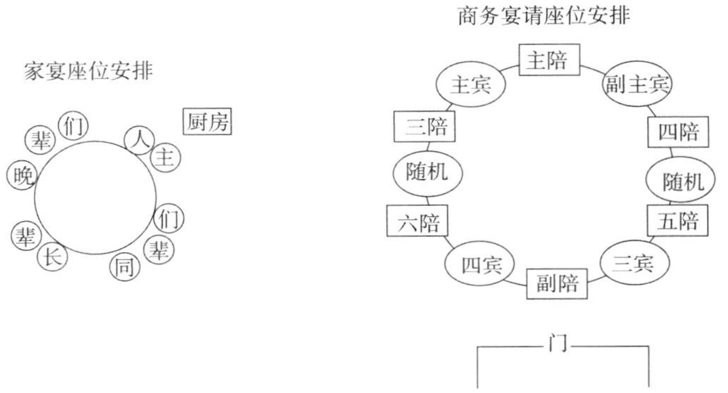

图2-33 家宴与商务宴请座次图

在商务宴请座次安排中，正对大门的为主客，主客左右手边的位置，则以离主客的距离来看，越靠近主客位置越尊，相同距离则左侧尊于右侧。若有副陪人员，餐饮组织者要与服务员沟通上菜的位置。

入座：首先请尊者入上座位置，其他人员再依次入座。入座后，要端正坐姿，不可将手肘撑在桌面上；一旦上菜就不要随意走动，以免影响他人用餐。

②点菜。

点菜前要征询一下用餐人的意见，特别是问一下“有没有哪些是不吃的”或是“比较喜欢吃什么”，让大家感觉被照顾到了。如时间受限，不能等用餐者到齐后再点餐的，待宾客到齐，将菜名报上后可以请示“我点了菜，不知道是否合几位的口味 ”“要不要再来点其他的什么”等。

点菜一般遵循三个规则：

一看人员组成。一般来说，人均一菜是比较通用的规则。男士较多的餐会可适当加量。

二看菜肴组合。一般来说，一桌菜最好是有荤有素，有冷有热，尽量做到全面。如果桌上男士多，可多点些荤食；如果女士较多，则可多点几道清淡的蔬菜。

三看宴请人物的重要程度。若是普通的商务宴请，平均一道菜在50元到80元可以接受。如果这次宴请的对象是比较关键人物，则要点上几个够分量的菜，例如龙虾、刀鱼、鲥鱼，或单价偏高一些的菜肴。

点菜时要注意不应问服务员菜肴的价格，或是讨价还价，这样会降低宴请对象的好感度，而且客户也会觉得不自在。

(2)用餐过程中礼仪。

在进餐过程中要始终保持礼仪规范，才能塑造彬彬有礼的餐饮形象。

上菜后先请客人、长者动筷子。如餐桌有转盘，上菜时应把菜先转到客人和长者面前，使用转盘时要按照一定的顺序转动，不可来回转动转盘。

夹菜应适量，离自己远的菜就少吃一些。如果要给客人或长辈布菜，最好用公筷，也可以把离客人或长辈远的菜肴送到他们跟前。

吃饭时要细嚼慢咽，不要发出太大声音，喝汤应用汤匙一小口一小口地喝，不宜把碗端到嘴边喝，不要一边吹一边喝。

进餐时如出现打嗝、打喷嚏、肠鸣等声响时，要说一声“真不好意思”“对不起”“请原谅”之类的话以示歉意。

吃到鱼头、鱼刺、骨头等物时将它放到自己的碟子里或放在事先准备好的纸上。

使用筷子的礼仪。中国的筷子是十分讲究的。“筷子”又称“箸(筋)”，远在商代就有用象牙制成的筷子。《史记·宋微子世家》中记载“纣始为象箸”。用象牙做箸，是富贵的标志。做筷子的材料也多种多样，考究的有金、银、象牙等，一般的有骨、竹、塑料等。在长期的生活实践中，人们对使用筷子也形成了一些礼仪上的忌讳：

一忌敲筷。即在等待就餐时，不能坐在餐边，一手拿一根筷子随意敲打，或用筷子敲打碗盏或茶杯。

二忌掷筷。在餐前发放筷子时，要把筷子一双双理顺，然后轻轻地放在每个人的餐桌前；距较远时，可以请人递过去，不能随手掷在桌上。

三忌叉筷。筷子不能一横一竖交叉摆放，不能一根是大头，一根是小头。筷子要摆放在碗的旁边，不能搁在碗上。

四忌插筷。在用餐中途因故需暂时离开时，要把筷子轻轻搁在桌子上或餐碟边，不能插在饭碗里。

五忌挑拨筷。在夹菜时，不能把筷子在菜盘里上下乱翻。遇到别人也来夹菜时，要有意避让，谨防“筷子打架”。

六忌舞筷。在说话时，不要把筷子当作刀具在餐桌上乱舞；也不要在请别人用菜时，把筷子戳到别人面前。

(3)用餐后礼仪。

在用餐后，一般是主人和主宾离席后，其他陪同人员方可离席。如有急事需要中途离开的，要与主人私下打招呼后方可离开，但不宜声张。

2. 西餐礼仪

随着东西方文化交流日益增强，西餐已经成为人们生活中的一种并不陌生的餐饮形式。掌握一定的西餐礼仪，可以为我们的餐饮形象加分。

(1)餐前礼仪。

衣着讲究：在西方人的概念中，穿着得体是进餐的前提。所以，去西餐高档餐厅之前一定要穿着正式得体。男士要穿整洁的服装和皮鞋，女士要穿正装和有跟的鞋子。绝不能穿休闲服到餐厅用餐。

入座文雅:进入西餐厅后,由服务生带领入座,不可贸然入位。男士或服务生可帮女士拉开椅子协助入座(一般由椅子左侧入座)。座位的安排于离出口最远的位置为上位。讲究“女士优先”的西方绅士,在座席安排上也会表现出对女士的尊重。一般以女主人的座位为准,主宾坐在女主人的右方,主宾夫人坐在男主人的右方,然后依次排序。

入座后,手肘不要放在桌面上,也不能跷二郎腿。如果手放在什么位置都不自在,那就放在大腿上。要保持姿势端正,背挺直,腹部和桌子保持一个拳头的距离。这个姿势在进餐时也要保持,千万不要弯下腰去用餐。

餐盘摆放:正式场合的西餐餐具摆放,首先在距离桌边一英寸的位置是餐盘,盘子上会有沙拉盘、餐巾和座位牌,如图 2-34 所示。

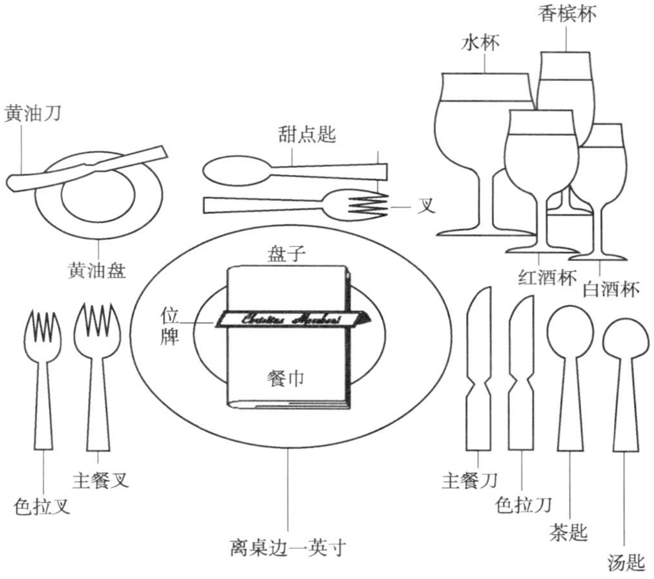

图 2-34　西餐餐具的摆放

(2)用餐礼仪。

①餐巾的使用:点完菜后,在前菜送来前把餐巾打开,向内折三分之一,然后平铺在腿上,盖住膝盖以上的双腿部分。最好不要把餐巾塞入领口,这一般是用于老人或小孩。一般餐巾上印有标志的是正面。擦拭嘴巴时,要用反折的内侧来擦,这样擦完不会露出污渍。餐巾还可用于暗示。当女主人开始铺设餐巾,说明用餐开始;中途离席时,可将餐巾放置在椅子上,表示暂时离开;用餐结束时,把餐巾从中间拿起来,放在餐桌盘子的左侧。

②西餐上菜的顺序:西餐的第一道菜是头盘,也称为开胃品。开胃品的内容有冷头盘或热头盘之分,一般是具有特色风味的食物,味道以咸和酸为主,而且数量较少,质量较高。如鱼子酱、鹅肝酱、熏鲑鱼、鸡尾杯、奶油鸡酥盒、焗蜗牛等。

西餐的第二道菜就是汤。西餐的汤大致可分为清汤、奶油汤、蔬菜汤和冷汤等四类。

西餐的第三道菜,也称为副菜。品种包括各种淡水鱼类、海水鱼类、软体动物类(如贝类)。西餐吃鱼类菜肴讲究使用专用的调味汁,品种有鞑汁、荷兰汁、酒店汁、白奶油汁、大主教汁、美国汁和水手鱼汁等。

西餐的第四道菜，也称为主菜。肉类菜肴的原料取自牛、羊、猪等各种肉类各个部位的肉，其中最有代表性的是牛肉或牛排。牛排按其部位又可分为沙朗牛排（也称西冷牛排）、菲利牛排、T 骨牛排、薄牛排等。其烹调方法常用烤、煎、铁扒等。肉类菜肴配用的调味汁主要有西班牙汁、浓烧汁、蘑菇汁、班尼斯汁等。

第五道菜为蔬菜类菜肴，在西餐中称为沙拉。与主菜同时服务的沙拉，称为生蔬菜沙拉，一般用生菜、西红柿、黄瓜、芦笋等制作。沙拉的主要调味汁有醋油汁、法国汁、千岛汁、奶酪沙拉汁等。

西餐的甜品是主菜后食用的，可以算作是第六道菜。从真正意义上讲，它包括所有主菜后的食物，如布丁、煎饼、冰激凌、奶酪、水果等。

西餐的最后一道是上饮料、咖啡或茶。饮咖啡一般要加糖和淡奶油，茶一般要加香桃片和糖。

图 2-35　西餐刀、叉的使用

③刀叉的使用：一般情况下，西餐用餐过程中要使用刀和叉，婴幼儿除外。一般为右手拿刀，左手拿叉，如是左利手，用餐前要和服务人员说明，以便调整刀和叉的摆放。握刀叉时，轻握尾端，食指按在柄上，从左向右切割食物。锯齿的刀用来切肉，普通的刀用来切蔬菜，最小的刀用来抹果酱，如图 2-35 所示。

从外侧往内取用刀叉，左手持叉、右手持刀。切东西时左手拿叉按住食物，右手拿刀将其切成小块，用叉子送入口中。每吃完一道菜，将刀叉并拢放在盘中。如果是谈话，可以拿着刀叉，无须放下。要记住，任何时候都不要将刀叉一个放盘子上，一个放桌上。

如中途离席，要把刀叉放在餐盘内，呈八字形摆放，刀口向内，并把餐巾叠放在座位上。

④喝汤：吃东西时要闭嘴咀嚼，喝汤时用汤勺从里向外舀。汤盘中的汤快喝完时，用左手将汤盘的外侧稍稍翘起，用汤勺舀尽即可。

⑤喝酒：西餐中根据主食的搭配，一般有红酒、白兰地、香槟酒等，其中以红酒为主。正规的西餐中红酒不应添加任何其他饮料，不应加冰块，也不需要冷冻或加热。喝红酒一般使用高脚杯。在用高脚杯时要注意高脚杯的持法，如图 2-36 所示。

⑥喝茶或咖啡：在西餐中，一般是以红茶和黑咖啡作为餐后饮品，有助于消化。坐在餐桌旁，可直接拿起杯子喝茶或是咖啡。如座位离桌子的距离较远，桌子也较低，喝茶或咖啡时，就应该将呈放杯子的盘子一起拿起来。盘中的小勺子一般是用来加糖或奶时搅拌使用。

图 2-36　红酒杯的持杯方式

在西餐中，吃水果时，不要用嘴去咬，应用水果刀切成四瓣，再用小刀去核、皮，用叉子叉着吃。吃面包要用手撕面包蘸调汁，但不可蘸调味汁吃到调味汁都不剩，这是对厨师的不礼貌。

（3）用餐完毕。

用餐完毕，可以按照刀右叉左的顺序，将刀叉并排纵放在餐盘里，或者按照刀上叉下的顺序，将刀叉并排横放在餐盘里，刀口向内，叉齿向下，然后把餐巾叠好放在桌上。

技能实训

实训一:仪容仪表礼仪实训

<table>
<tr><td rowspan="2">任务名称</td><td rowspan="2">仪容、仪表礼仪实训</td><td>班级</td><td></td><td rowspan="2">教师
评阅</td><td rowspan="2"></td></tr>
<tr><td>姓名</td><td></td></tr>
<tr><td>实训知识准备</td><td colspan="5">1. 仪容礼仪的基本要求
2. 微笑、眼神的处理技巧
3. 仪表着装的基本要求</td></tr>
<tr><td>任务描述</td><td colspan="5">1. 男生、女生发型和面容整洁,以及着装要求的检查
2. 女生化妆训练
3. 微笑、眼神的训练
4. 男生领带的系法训练</td></tr>
<tr><td>实训的实施</td><td colspan="5">1. 发型、面容整洁、着装要求检查,由学生面对镜子进行检查训练
2. 微笑、眼神的训练,由学生面对镜子进行检查训练
3. 女生化妆训练,并将两人分为一组进行训练
4. 男生系领带训练,并将两人分为一组进行训练</td></tr>
<tr><td>实训总结反思</td><td colspan="5">优点:

不足:</td></tr>
<tr><td>学生自我评价</td><td colspan="5">优( ) 良( ) 中( ) 及格( )</td></tr>
</table>

实训二:仪态礼仪实训

<table>
<tr><td rowspan="2">任务名称</td><td rowspan="2">仪容、仪表礼仪实训</td><td>班级</td><td></td><td rowspan="2">教师
评阅</td><td rowspan="2"></td></tr>
<tr><td>姓名</td><td></td></tr>
<tr><td>实训知识准备</td><td colspan="5">1. 站姿、坐姿、走姿的基本要求
2. 鞠躬的基本要求
3. 手势运用的基本要求</td></tr>
<tr><td>任务描述</td><td colspan="5">1. 对站姿、坐姿、走姿进行强化训练
2. 结合口令对鞠躬进行训练
3. 结合口令对手势进行训练</td></tr>
<tr><td>实训的实施</td><td colspan="5">1. 学生分为四个人一个小组面对镜子进行站姿、坐姿、走姿的纠正与训练
2. 由教师带领学生集体进行鞠躬的口令训练,再分小组两个人进行结对训练、纠正对方动作
3. 由教师带领学生集体进行手势运用的口令训练,再分小组两个人进行结对训练、纠正对方动作</td></tr>
<tr><td>实训总结反思</td><td colspan="5">优点:

不足:</td></tr>
<tr><td>学生自我评价</td><td colspan="5">优( ) 良( ) 中( ) 及格( )</td></tr>
</table>

模块小结

(1)仪容礼仪中要注意干净整洁,不在人前打扫卫生;指甲不宜过长,男士发饰简洁大方。

(2)仪表得体,在职业场合中要着西装出席。男士西装要合体,西装扣子最下面的扣子不要扣上,穿着制式、系带皮鞋,穿着深色棉袜;女士正式场合中裙装是首选,着正装不可光脚穿鞋,可选择肉色或黑色丝袜。在正装穿着中要秉承三一定律和三色原则。

(3)仪态礼仪中,站姿是最基本的仪态,坐姿、走姿都是在站姿基础上进行,仪态要做到平、正、高。女士站立、入座须两腿并拢。

(4)鞠躬可分为15°、30°、45°、90°的鞠躬幅度,根据不同的场合选择运用,要求鞠躬时保持身体的平直,以腰部为轴鞠躬。

(5)指示手势可分为高位、中位、低位手势,用于引导或指示方向。在运用时要保持手指并拢,掌心朝上朝内。

(6)会议的座次安排中要遵循面门为上、居中为上、以右为尊的基本原则。

(7)在接待宾客时,乘坐电梯礼仪要遵循先进后出的原则。

(8)茶水礼仪要求将茶水倒7~8分满,从客人右侧双手奉上茶水。

(9)校园文明礼仪要注意规范,要创造尊师重教、和谐平等的校园文明环境。

(10)餐饮礼仪中餐前座次要遵循面门为上,以右为尊,以远为上的原则。

思考与练习

(一)填空题

1. 男士头发长度的要求为________、________、________。
2. 女士化妆讲求的是________、________、________。
3. 西装上衣下摆长度为,过长或过短均不适合在正式场合穿。袖口应短于衬衫袖口的________厘米,露出衬衫的装饰扣为宜。
4. 坐姿可分为________、________、________三种。
5. 会议座次的安排遵循________、________、________的原则。
6. 在待客上茶的过程中,茶不要太满,以________为宜,绝对不允许杯湿漉漉的。
7. 中餐礼仪中,点菜要坚持________、________、________原则。

(二)判断题

1. 商务社交中男士可以留长发、烫发、染发。 ( )
2. 在正式场合,女士可以穿着皮裙出席。 ( )
3. 女士站姿、坐姿中均要求双腿并拢。 ( )
4. 在指示方向时可以用单只手指指示方向。 ( )
5. 在接待客人时,进出电梯应该是客人先进电梯,自己后进电梯。 ( )
6. 在送别客人时客人转身远离视线,我们方可离开。 ( )
7. 在西餐用餐中,刀叉为左叉右刀。 ( )

(三)简答题

1. 一个人的仪容包括哪些方面?仪容礼仪的基本要求是什么?
2. 着装的基本原则和要求是什么?男士、女士西装着装有何要求?
3. 站姿、坐姿、走姿的基本要求是什么?
4. 手势有哪几种?如何正确运用?
5. 乘车中有什么礼仪讲究?
6. 与客人共乘电梯的礼仪是什么?
7. 试述校园文明礼仪的重要性。
8. 中餐礼仪中筷子的使用禁忌有哪些?

模块三　职场沟通礼仪

学习目标

1. 在日常和商务交往中，能按照见面礼仪规范要求正确运用表情和称谓，包括语言礼仪、握手礼仪、递接名片礼仪等，能够根据实际情况及时准确地自我介绍和为他人作介绍；

2. 掌握求职面试过程中应知应会的礼仪要求，努力养成灵活运用求职面试礼仪，自觉培养礼仪习惯；

3. 掌握职场沟通中使用通信工具的礼仪，了解其特点并能运用于实践之中。

建议课时

16课时。

一、日常交往礼仪

(一)见面礼仪

见面礼仪，是日常交往中最常用最基础的礼仪。人与人之间的交往都要用到见面礼仪，特别是从事服务行业的人。掌握一些见面礼仪，能给客户留下良好的第一印象，为以后顺利开展工作打下基础。第一印象在人与人之间的交往中起着非常重要的作用，是人与人第一次交往中给人留下的印象。心理学称之为首因效应，是第一印象在对方的头脑中形成并占据着主导地位的效应。第一印象在人际交往中有着很重的分量，尤其是陌生人之间的第一次接触，因此我们应重视见面礼仪。

常用的见面礼仪有握手礼、鞠躬礼、脱帽礼、拥抱礼、亲吻礼等，适用于不同国家不同地区不同场合。

1. 握手礼

握手是大多数国家见面和离别时相互致意的礼仪。握手既是人们见面相互问候的主要礼仪，还是祝贺、感谢、安慰或相互鼓励的适当表达。

2. 鞠躬礼

在与日本、韩国等国家的友人见面时，行鞠躬礼表达致意是常见的礼节仪式。鞠躬礼分为15°、30°和45°的不同形式；度数越高向对方表达的敬意越深。鞠躬礼的基本原则：在特定的群体中，应向身份最高、规格最高的长者行45°角鞠躬礼；身份次之行30°角鞠躬礼；身份对等行15°角鞠躬礼。

3. 脱帽礼

见面时男士应摘下帽子或举一举帽子，并向对方致意或问好。若与同一人在同一场合前后多次相遇，则不必反复脱帽。进入主人房间时，客人必须脱帽。在庄重、正规的场合应自觉脱帽。

4. 拥抱礼

拥抱礼多用于官方、民间的迎送宾客或祝贺致谢等社交场合。两人相对而立，上身稍稍前倾，各自右臂偏上、左臂偏下，右手环拥对方左肩部位，左手环拥对方右腰部位，彼此头部及上身向右相互拥抱，最后再向左拥抱一次。

5. 亲吻礼

行亲吻礼时，往往伴有一定程度的拥抱，不同关系、不同身份的人，相互亲吻的部位不尽相同。在公共场合和社交场合，关系亲近的女子之间可以吻脸，男子之间是拥肩相抱，男女之间一般是贴面颊，晚辈对尊长是吻额头，男子对尊贵的女宾可以吻手指或手背。在许多国家的迎宾场合，宾主往往以握手、拥抱、左右吻脸、贴面的连续动作，表示最真诚的热情和敬意。

我们日常工作和生活中，遇到领导、同事、朋友或者客户等相识或者不熟悉的人，通常在各种场合都可用举手、点头、欠身、脱帽等方式向相识的人打招呼致意。打招呼既可伴以相关的言辞，也可代以肢体语言表示问候。日常见面礼讲究顺序，原则上尊者享有先知权，即位低者先行：地位身份低的人先问候地位身份高的人；晚辈先向长辈问候；下级先向上级问候；主人先向客人问候；男士先向女士问候。

案例

初入职场的困惑

王静是一个文静内向的小姑娘，毕业通过考试进入某单位。该单位和小王所学专业比较符合，偏向于理论研究。研究员和工程师在该单位比比皆是，大家在平时也秉承了工作中的严谨作风，因此，不苟言笑成为大家的共同标签。

报到大半个月，除了在入职培训中从远处见过几位领导，平时接触极少，同事领导人数又多，所以一直没有搞清楚领导和同事们的名字和职务。这天，王静走出办公室，刚到走廊上就认出了迎面走来的正是单位的“一把手”，可是记不住姓什么了，“叫一声老师吧，又不是在学校。叫老师到底好不好啊？……打个招呼叫老师吧，但是他又不知道我是谁……”一抬头，正好和领导四目相对，小王特别紧张，只好低着头走开了。事后又心里打鼓，迎面遇到领导都不打招呼，会不会觉得自己没礼貌，第一印象就此变差？此后，遇到不认识的领导、前辈，她就愈发紧张而不敢开口。入职两月，很少有同事知道王静的名字，王静也不认识多少同事，也没有很好地融入工作圈。

初入职场，这样的小纠结你有没有？

（二）表情礼仪

脸部是人体中最能传情达意的部位。在日常交往活动中，人的面部表情备受关注。表情是人的思想感情和内在情绪的外露，可以表现出喜、怒、哀、乐、忧、思等各种复杂的思想情感。在人们千变万化的表情中，微笑和眼神最具礼仪功能和表现力。

1. 微笑礼仪

人的表情是人身体语言中最为丰富的部分，而微笑是人们表情中最有感染力和最有影响力的部分，是无声的国际语言，能够带给人以无限的美好与温馨。在日常与人交往时，微笑是最美的礼仪。它不仅是妩媚动人的符号，而且还是无风险、高回报的“投资项目”。正所谓“伸手不打笑脸人”，没有谁会拒绝别人的微笑。以真诚、信任、礼貌为内容的微笑，可以为你的社交打开一条通途。

图 3-1　微笑训练器

微笑的礼仪标准是眼睛笑、眼神笑、嘴角上翘，给人亲切自然的感觉。但是能经常保持亲切微笑的人并不多，为此有很多种方法用来训练微笑，如对镜微笑训练法、模拟微笑训练法、记忆提取法、含箸法、意念法等，更有商家发明了微笑训练器（图 3-1）。以上方法可配合使用，观察自己的最佳微笑状态。不过发自内心、由内而外、表里如一的微笑才是最富感染力的，因此应该学会调节情绪，保持良好心态，培养微笑意识和微笑习惯。

2. 眼神礼仪

人们常说，眼睛是心灵的窗户，那是因为它是人体传递信息最有效的器官之一。所以，我们在与人进行交往时，务必要注意眼神的运用。一个良好的交际形象，眼神应该是坦然、亲切、和蔼、传情达意的。特别是在与人碰面交谈或者握手等情况下，眼睛应该注视对方，不应该躲闪或游移不定。

运用眼神礼仪的注意事项如图 3-2 所示。

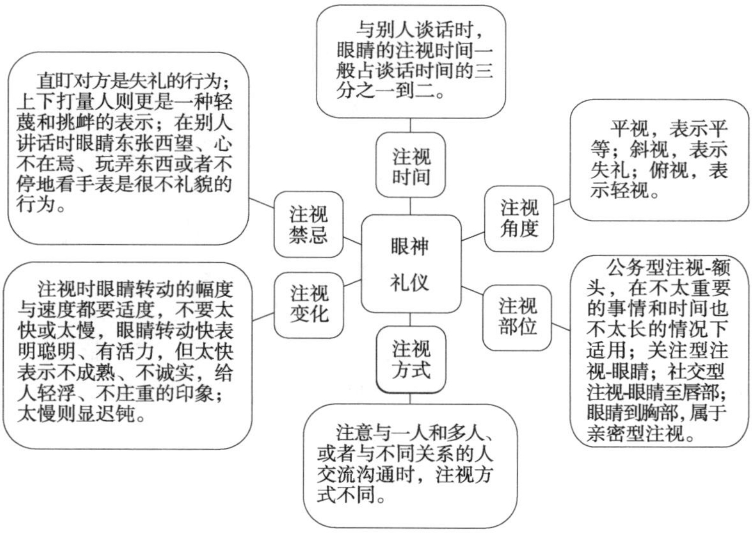

图 3-2　眼神礼仪注意事项

（三）称呼礼仪

称呼是交际大门的通行证，是沟通人际关系的第一座桥梁。职场称呼礼仪是指人们在日常交往、应酬中，彼此之间采用恰当的称谓语。有一位商业人员，在给一家公司写信时，由于不知道对方的姓名和性别，所以，就猜测用“亲爱的某某小姐”。结果他的信件被扔到垃圾箱里，原因是被称呼的人是一位男性。这说明与人交往时称呼是至关重要的，它是进一步交往的敲门砖。正确、适当的称呼不仅反映出社会风尚、自身的修养、对对方的尊重程度，还体现着双方关系达到的程度，正确地称呼别人是职场交往中最起码的礼仪。

案例

转危为安的称呼

李菁是汽车城的一个小职员，去年刚刚毕业。说起职场称呼，她满脸兴奋。“我应聘时就是因为一句称呼转危为安的。”去年应聘时，由于她在考官面前太过紧张，有些发挥失常。就在她从考官眼中看出拒绝的意思而心灰意冷时，一位中年男士走进了办公室和考官耳语了几句。在他离开时，她听到人事主管小声说了句“经理慢走”。那位男士离开时从李菁身边经过，给了她一个善意鼓励的眼神。李菁说自己当时也不知道哪儿来的灵光一闪，忙起身，毕恭毕敬地对他说：“经理您好，您慢走！”她看到了经理眼中些许的诧异，然后他笑着对自己点了点头。等李菁再坐下时，她从人事主管的眼中看到了笑意……

后来她顺利地得到了这份工作。人事主管后来告诉她，本来根据她那天的表现，是打算刷掉她的。但就是因为她对经理那句礼貌的称呼让人事部门觉得她对行政客服工作还是能够胜任的，所以对她的印象有所改观，使她能顺利应聘到这份工作。

1. 工作中的称呼

在工作交往中，人们彼此之间的称呼是有特殊性的，要求庄重、正式、规范。可使用以下几种适当的称呼：

(1)职务性称呼。

以交往对象的职务相称，以示身份有别，敬意有加，这是一种最常见的称呼。以下三种情况适用于极其正式的场合：

①称职务，如“董事长”“总经理”“主任”“主管”等。

②在职务前加上姓氏，如“王董事长”“马经理”“李主任”等。

③在职务前加上姓名，如“刘××主任”“孙××部长”等。

(2)职称性称呼。

对于具有职称者，尤其是具有高级、中级职称者，在工作中直接以其职称相称。称呼职称时可以只称职称，或在职称前加上姓氏，或在职称前加上姓名，如“教授”“王教授”“李××教授”，都适用于十分正式的场合。

(3)行业性称呼。

在工作中，有时可按行业进行称呼，对于从事某些特定行业的人，可直接称呼对方的职业，如老师、医生、会计、律师等，也可以在职业前加上姓氏、姓名，如：“刘会计”“马律师”等。

(4)性别性称呼。

对于从事商界、服务行业的人，一般约定俗成地按照性别的不同分别称呼“小姐”“女士”或“先生”，“小姐”一般是称未婚女性，“女士”一般是称已婚女士。

(5)姓名性称呼。

在工作中称呼姓名，一般限于同事、熟人之间。有三种情况：

①可以直呼其名；

②直呼其姓，在姓前面加上“老”“大”“小”等前缀，如“老李”“小刘”“大陈”等；

③只称呼其名，不呼其姓，通常限于同性之间，尤其是上司称呼下级、长辈称呼晚辈，在亲友、同学、邻里之间，也可使用这种称呼。

2. 正式场合的忌称

在公务交往中，有一些称呼是职员所忌讳的。它们的共同之处是：失敬于被称呼者。这类忌称主要有以下五种：

(1)错误性的称呼。

错误性的称呼一般是称呼者粗心大意、用心不专所致。常见的有两种情况：一是误读。其原因在于不认识被称呼者的姓名，或者念错了对方的姓名。我国人名中的一些姓氏，如翟、江、郇、眭等，就很容易被人误读。二是误会。在此，它是指对被称呼者的职务、职称、学衔、辈分、婚否做出了错误的判断。例如，把一名未婚妇女称作夫人，显然就属于重大的失误。

(2)不适当的称呼。

有一些称呼如果在正式场合使用是不适当的称呼。此类称呼主要有以下几种：一是替代性的称呼。在正式场合，若以下一个、12 号等替代性称呼去称呼他人，为不适当的做法。二是跨行业的称呼。学生喜欢互称同学 ，军人往往互称战友，工人可以互称师傅，专业造诣高者可称之为大师。但此种行业性极强的称呼一旦被用来称呼界外之人，通常则会给人以不伦不类之感。三是不恰当的简称。某些同事之间使用的非正式的简称。例如，把范局长简称为范局，把沙司长简称为沙司，把周校长简称为周校，均不可使用于正式场合。另外，与他人打交道时，不使用任何称呼，也是极不礼貌的表现。

(3)不通行的称呼。

有一些称呼，仅仅适用于某一地区，或者仅仅适用于国内。一旦它超出一定范围，就有可能产生歧义。此类非通行称呼主要有两种：一是仅适用于某一地区。北京人习惯称别人为师傅，山东人则习惯称呼别人为伙计。这类地区称呼在其他地区往往难以畅行无阻 。二是仅仅适用于国内。一些中国人常用的称呼，如同志、爱人等，绝对不宜用于称呼一般的外国人。

(4)庸俗性的称呼。

在公务交往中，一些庸俗而档次不高的称呼，绝对不宜使用。动辄对他人以朋友、兄弟、死党、哥们儿、姐们儿相称，往往只会贬低自己的身份。应当指出的是，在正式场合，不论对外人还是自己人，最好都不要称兄道弟。要是张口闭口张哥、李姐、王叔，不仅不会使人感到亲切，反而会让别人觉得称呼者的格调不高。

(5)绰号性的称呼。

在一般情况下，一名有教养的职员绝对不可擅自以绰号性称呼去称呼别人。不论自己为别人起绰号，还是道听途说而来的绰号，都不宜使用。一些对他人具有侮辱性质的绰号，则更是应被禁止使用的。

除了姓名称呼，在与人沟通时还会用“您”和“你”来称呼别人。“您”和“你”有明确的界限需要关注：“您”用来称呼长辈、上级、客户和熟识的人，以示尊重；“你”用来称呼自家人、熟人、朋友、平辈、晚辈和儿童，表示亲切、友好和随便。

适当的称呼礼仪除了以上原则，更以场合、地域、身份、修养等多种因素有关，一般情况下，人们对对方的称呼都是与其环境相适应的正式称谓，在一些特殊场合称呼时也需考虑对方的地位、国籍等。因此，称呼礼仪应根据不同的对象，以文明礼貌地友好交往为原则，区别不同场合灵活使用。

二、商务沟通礼仪

（一）握手礼仪

两人相向，握手为礼。握手礼是当今世界最为流行的礼节，也是商务交往中会面、接待、迎送时最常见的礼节。通常，商务沟通中和人初次见面、相熟的人久别重逢、工作中告辞或者送行都可以握手表示善意和敬意。除此之外，有些特殊场合，比如向人表示祝贺，感谢或者慰问时；商务洽谈时出现了令人满意的共同点时，或者双方原先的矛盾出现了良好的转机或彻底和解，习惯上也以握手为礼。握手是一种人际关系里最常见的一种礼节性的习惯，商务交往中握手礼有很多的讲究。

握手礼的由来

说法一：战争期间，骑士们都穿盔甲，除两只眼睛外，全身都包裹在铁甲里，随时准备冲向敌人。如果表示友好，互相走近时就脱去右手甲胄，伸出右手，表示没有武器，互相握手言好。后来，这种友好表示方式流传到民间，就成了握手礼。当今行握手礼也都是不戴手套。朋友或互不相识人初识、再见时，先脱去手套，才能施握手礼，以示对对方尊重。

说法二：握手礼来源于原始社会。早在远古时代，人们以狩猎为生，如果遇到素不相识人，为了表示友好，就赶紧扔掉手里打猎工具，并且摊开手掌让对方看看，示意手里没有藏东西。后来，这个动作被武士们学到了，他们为了表示友谊，不再互相争斗，就互相摸一下对方手掌，表示手中没有武器。随着时代变迁，这个动作就逐渐形成了现在握手礼。

握手礼据说源自欧洲，自辛亥革命后传入我国。孙中山认为，在我国流行了数千年跪拜礼，是封建等级礼教制度象征，推翻封建统治，一定要摧毁它的礼制。于是，用新式礼节体现平等理念握手礼取代跪拜礼，是辛亥革命任务的一部分。早在1905年，孙中山在日本组织同盟会，规定入盟“同志相见之握手暗号”，并亲自教导会员如何行握手礼。

1. 握手的动作要求

（1）握手的标准方式：相距一米、身体前倾、右手相握、四指并拢、虎口相对、目视对方、面带笑容、稍事寒暄、稍许用力、时间三秒。如图3-3所示。

图3-3　平等的握手姿态

（2）握手的姿态：平等而自然的握手姿态是两手的手掌处于垂直状态，这是一种最普通也最稳妥的握手方式。而掌心向下握住对方的手，显示着一个人强烈的支配欲，无声地告诉对方，他处于高人一等的地位，因此应尽量避免这种傲慢无礼的握手方式。相反，掌心向里握手显示一个人的谦卑与毕恭毕敬，如果伸出双手，更是谦恭备至了。

2. 握手的先后顺序

在比较正式的商务场中，行握手礼时最为重要的礼仪问题是握手的双方谁先伸出手来“发起”握手。倘若对此一无所知，在与他人握手时，轻率地抢先伸出手去而得不到对方的回应，那种场景一定是令人非常尴尬的。

(1)“尊者决定”原则。

根据商务礼仪规范，握手时双方伸手的先后次序，应当在遵守“尊者决定”的原则下，具体情况具体对待。

“尊者决定”原则的含义是，在两人握手时，各自首先应确定握手双方彼此身份的尊卑，然后以此来决定伸手的先后。先由位尊者首先伸出手来，即尊者先行。位卑者只能在此后予以响应，而决不可贸然抢先伸手，不然就是违反礼仪的举动。

在握手时，之所以要遵守“尊者决定”的原则，既是为了恰到好处地体现对位尊者的尊重，也是为了维护在握手之后的寒暄应酬中位尊者的自尊。因为握手往往意味着进一步交往的开始，如果位尊者不想与位卑者深交，他是大可不必伸手与之相握的。换言之，如果位尊者主动伸手与位卑者相握，则表明前者对后者印象不坏，而且有与之深交之意。

(2)具体情况。

具体而言，握手时双方伸手的先后次序大体包括表3-1中几种情况。

握手礼仪顺序　　表3-1

序号	握手具体情况	伸手先后顺序
1	上级与下级握手	应由上级首先伸手
2	年长者与年幼者握手	应由年长者首先伸手
3	长辈与晚辈握手	应由长辈首先伸手
4	老师与学生握手	应由老师首先伸手
5	女士与男士握手	应由女士首先伸手
6	已婚者与未婚者握手	应由已婚者首先伸手
7	社交场合的先至者与后来者握手	应由先至者首先伸手
8	职位身份高者与职位身份低者握手	由职位、身份高者首先伸手
9	主人与客人握手	迎客时主人先伸手，以示欢迎；送客时客人先伸手，表示感谢。

3. 握手的力度

握手时为了表示热情友好，应当稍许用力，但以不握痛对方的手为限度。在一般情况下，握手不必用力，握一下即可。男子与女子握手不能握得太紧，西方人往往只握一下妇女的手指部分，但老朋友可以例外。

4. 握手时间的长短

握手时间的长短可根据握手双方亲密程度灵活掌握。初次见面者，一般应控制在3秒钟左右，切忌握住异性的手久久不松开。即使握同性的手，时间也不宜过长，以免对方欲罢不能。但时间过短，会被人认为傲慢冷淡，敷衍了事。

5. 握手的禁忌

(1)忌用左手与他人握手；

(2)忌在握手时心不在焉或面无表情；

(3)忌在握手时戴着手套(图3-4)；

(4)忌在握手时戴着墨镜；
(5)忌在握手时将另外一只手插在衣袋里；
(6)忌先后错序；
(7)忌在握手时掌心下压或用力不当；
(8)不要在握手时长篇大论；
(9)不要在握手时仅仅握住对方的手指尖；
(10)不要在握手时把对方的手拉过来，推过去；
(11)不要在与人握手后，立即揩拭自己的手掌；
(12)不要双手握异性的手，不要拒绝与他人握手。

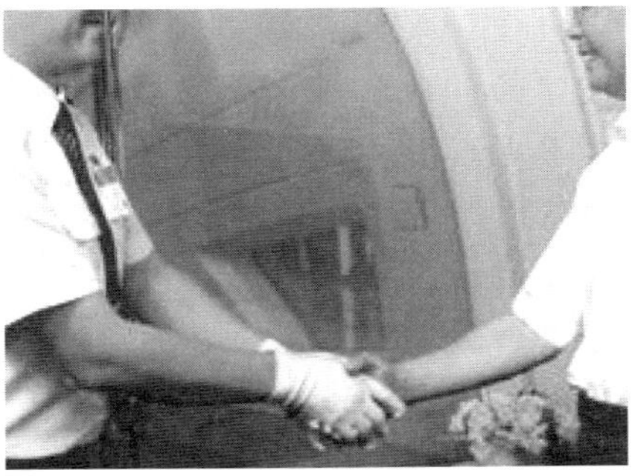
图3-4　握手禁忌——握手时戴着手套

(二)名片礼仪

名片，是一个人身份、地位的象征，也是一个人尊严、价值的一种外显方式。名片上一般印有公司名称、头衔、联络电话、地址等，有的还印有个人的照片，通过递送名片可以使对方认识你、与你联系，所以有人把它称作另一种形式的身份证。名片的使用已成为当今职场上商务交往的一种重要方式，也正是名片自身的重要价值，职场人士在递送、接收、保管名片的时候就应格外重视其礼仪效应，不可随随便便。具体来说，应注意以下几点：

1. 递送名片的礼仪

(1)递送的名片不能放在钱包中，与其发送一张破损或脏污的名片，不如不送。应将名片整齐地放在名片夹、盒或上衣口袋中，以免名片毁损，破旧的名片应尽早丢弃。

(2)向对方递送名片时，应面带微笑，注视对方，将名片正对着对方，用双手的拇指和食指分别持握名片上端的两角送给对方，如果是坐着的，应当起立或欠身递送，递送时可以说一些："您好，我是××，请多指教""我的名片，请您收下"这类的客气话。

(3)交换名片的顺序：遵循"尊者享有先知权"的原则，一般是"先客后主，先低后高"。即地位低的人先交给地位高的人，年纪轻的人先把名片交给年长者，客人先把名片交给主人。不过，假如是对方先拿出来，自己也不必谦让，应该大方收下，然后再拿出自己的名片来回赠。当对方不止一人时，应先将名片递给职务较高或年龄较大者；如分不清职务高低和年龄大小时，则可由近及远依次进行，切勿跳跃式进行，以免让对方产生厚此薄彼的误会。

(4)名片代表一个的身份，在未确定对方的来历之前，不要轻易递出名片，否则不仅有失庄重，而且可能日后被冒用。同样，为了尊重对方的意愿，尽量不向他人索要名片。随长辈或上司拜访，绝不能比他们早递名片，以示尊重。

(5)当几个人在场的时候，尽管其中只有一个人是自己要交往的对象，但也应该与在座的每一个人打招呼，并递上名片，当名片没带够时，应向他人道歉，说明情况。

2. 接受名片的礼仪

案例

小名片大失误

某公司新建的办公大楼需要添置一系列的办公家具，价值数百万元。公司的总经理已做了决定，向A公司购买这批办公家具。这天，A公司的销售部负责人打电话来，要上门拜访这位总经理。总经理打算等对方来了,就在订单上盖章,定下这笔生意。不料对方比预定的时间提前了两个小时。原来对方听说这家公司的员工宿舍也要在近期内落成,希望员工宿舍需要的家具也能在A公司购买。为了谈这件事,销售负责人还带来了一大堆的资料,摆满了台面。总经理没料到对方会提前到访,刚好手边又有事,便请秘书让对方等一会。这位销售员等了不到半小时,就开始不耐烦了,一边收拾起资料一边说:“我还是改天再来拜访吧。”

这时,总经理发现对方在收拾资料准备离去时,将自己刚才递上的名片不小心掉在了地上,却并没有发觉,走时还无意从名片上踩了过去。看来只是个不小心的失误,却令总经理改变了初衷。A公司不仅没有机会与购买办公家具的公司商谈员工宿舍的设备购买,连几乎到手的数百万元办公家具的生意也告吹了。A公司销售部负责人的失误,看似很小,其实是巨大而不可原谅的。

名片在商业交际中是一个人的化身,是名片主人“自我的延伸”。职场人士在接收名片的时候就应格外重视其礼仪效应,不可随随便便。具体来说,应注意以下几点:

(1)接收他人递过来的名片时,除女性外,应尽快起身或欠身,面带微笑,用双手的拇指和食指接住名片的下方两角,并视情况说“谢谢”“能得到您的名片,真是十分荣幸”等话语。如果是初次见面,最好是将名片上的重要内容读出声来。读名片时一定注意语言轻重,有抑扬顿挫。需要重读的主要是对方的职务、学衔、职称等。不巧念错时,一定要致歉。如果对方的组织名气大或个人的知名度高,也可只重读组织名称或对方姓名。

(2)名片接到手后,应十分珍惜,切不可在手中摆弄,也不要随意放在桌上,或随便拎在手上搓来揉去。应将对方名片放在桌子上最显眼的位置或者收藏在名片夹中,要注意千万不可把谈话内容、约定事项等记在对方的名片上,以示尊重。

(3)当对方递给你名片之后,如果自己没有名片或没带名片,应当首先向对方表示歉意,再如实说明理由。如“很抱歉,我没有名片”“对不起,今天我带的名片用完了,过几天我会亲自寄一张给您的。”

3. 保管名片的礼仪

随身携带的名片应使用较精致的名片夹。在着西装时,名片夹只能放在左胸内侧的口袋里。左胸是最靠近心脏的地方,将名片放在心脏附近,无疑是对对方的一种礼貌和尊重。不穿西装,名片夹可放于自己随身携带的小手提包里。将名片放置于其他口袋,甚至后侧裤袋里是一种很失礼的行为。由于商务人士在一次商务活动中需要接受的名片很多,因此,最好将别人的名片与自己的分别放置,否则,一旦慌乱中误将他人的名片当作自己的名片送给对方,会是非常糟糕的行为。商务人士应将收到的名片整理放置于名片册中妥善地分类保管,以便查找(图3-5)。

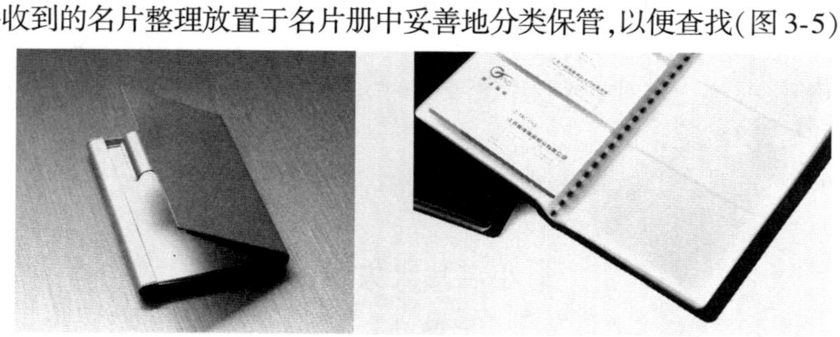

图3-5　名片夹和名片册

(三)介绍礼仪

在人际交往中,介绍是与他人进行沟通、增进了解、建立联系的一种最基本、最常规的方式,是人与人进行相互沟通的出发点。在现代职场商务交往中,若能正确地利用介绍,不仅可以扩大自己的交际圈,而且还有助于自我展示、公司宣传等。在职场沟通中,通常有两种介绍方式:一是自我介绍,二是他人介绍。

1. 自我介绍礼仪

自我介绍是向别人展示自己的一个重要手段,自我介绍好不好,直接关系到自身给别人第一印象的好坏,也对以后交往顺利与否起到不可忽视的作用。恰当的自我介绍,不仅能增进他人对自己的了解,而且还能创造出意料之外的商机。

(1)注意时机。

自我介绍要抓住时机。在适当的场合进行自我介绍,当对方有空闲,而且情绪较好,又有兴趣时进行自我介绍,这样就不会打扰对方。如果对方兴趣不高、工作很忙、干扰较大、心情不好、没有要求或正忙于其他交际时,则不太适合进行自我介绍。

若遇到下列情况时,做自我介绍就是很有必要的:

①与不相识者初次见面时,共处一室;

②不相识者对自己很感兴趣;

③他人请求自己做自我介绍,如求职时;

④打算介入陌生人组成的交际圈;

⑤ 求助的对象对自己不甚了解,或一无所知。

(2)讲究态度。

进行自我介绍时,态度一定要自然、友善、亲切、随和,应落落大方,彬彬有礼。既不能唯唯诺诺,又不能虚张声势、轻浮夸张。应该要表达出自己渴望认识对方的真诚情感,因为任何人都以被他人重视为荣,如果你态度热忱,对方也会热忱。还要注意,语气要自然,语速要正常,语音要清晰。

在自我介绍时,镇定自若,潇洒大方,有助于给人以好感;相反,如果你流露出畏怯和紧张,结结巴巴,目光不定,面红耳赤,手忙脚乱,则会为他人所轻视,彼此间的沟通便有了阻隔。

(3)注意时间。

自我介绍时还要简洁,言简意赅。要尽可能地节省时间,以半分钟左右为佳,不宜超过一分钟,而且越短越好,话说多了,不仅显得啰唆,而且交往对象也未必记得住。为了节省时间,做自我介绍时,还可以利用名片、介绍信加以辅助。

(4)注意内容。

自我介绍的内容包括三项基本要素:

①本人的姓名。应当一口报出,不可有姓无名,或有名无姓;

②供职的单位以及具体部门。如有可能最好全部报出,具体工作部门有时可以暂时不报出;

③担任的职务和所从事的具体工作。有职务最好报出职务,职务较低或者无职务者,则

可报出目前所从事的具体工作等。

这三项要素，在自我介绍时，应一气连续报出，这样既有助于给人以完整的印象，又可以节省时间。举个例子，可以说："我叫王丽，是大众汽车公司的服务顾问。"不说废话，态度要真实诚恳，实事求是，不可自吹自擂，夸大其词。

(5)注意顺序。

根据礼仪惯例，自我介绍时由地位低者先介绍。比如，主人要先向客人介绍自己；商务交往中，服务人员先向贵宾做自我介绍；男士要向女士做自我介绍；晚辈要向长辈做自我介绍。位低者先介绍，这是非常重要的一个细节，这是对地位高的人的一种尊重。否则的话，说了半天，人家都不知道你是谁，那会很尴尬。

此外，还要注意一点，就是自我介绍时应先递名片。训练有素的职业人士要养成名片使用规范化的习惯。先递名片有三个好处，其一，少说很多话。我什么头衔，什么职务，就都没有必要说了。其二，加深对方印象。其三，表示谦恭。不仅做自我介绍的时候，地位低的先介绍，交换名片的时候，也是地位低的人先递名片，实际上也是对对方一种尊重。

2. 介绍他人礼仪

介绍他人，又称第三者介绍，是经第三者为彼此不相识的双方引荐、介绍的一种交际方式。介绍他人，通常是双向的，即对被介绍的双方各自做一番介绍。

为他人做介绍时，需要把握下列要点：

(1)注意时机。

在商务交往中，遇到下列情况时，有必要进行介绍：

①本人接待的对象遇见了其不认识的人，而对方又跟自己打了招呼；

②打算推荐某人加入某一方面的交际圈；

③受到为他人做介绍的邀请；

④陪同上司、长者、来宾时，遇见了其不相识者，而对方又跟自己打招呼。

(2)注意顺序。

在介绍他人时，介绍的顺序是一个比较敏感的礼仪问题。根据商务礼仪规范，在处理为他人做介绍的问题上，必须遵守"尊者享有先知权"的规则。首先要确定双方地位的尊卑，然后先介绍位卑者，后介绍位尊者。这样，可使尊者先了解位卑者的情况。

因此，为他人做介绍时的礼仪顺序为尊者居后、男先女后、轻先老后、主先客后、下先上后。如果双方都有很多人，要先从主人方的职位高者开始介绍。

(3)注意方式。

根据实际情况的不同，为他人做介绍时的方式也不尽相同。

①一般式：也称为标准式，主要介绍双方的姓名、单位、职务等，适用于较为正式的场合。举个例子，如："请允许我来为两位引荐一下，这位是卡修公司营销部主任××，这位是腾飞集团副总××。"

②简单式：即在介绍时，只介绍双方的姓名，甚至只提到双方的姓氏，其他方面无须提及，这种方式适用于一般的社交场合。举个例子，如："我来为大家介绍一下，这位是谢总，这位是胡总，希望大家合作愉快。"

③引见式：这种方式适用于普通场合。介绍者只需要把被介绍者双方引到一起即可。

举个例子,如:“两位认识一下吧。其实大家曾经都在一个公司共事,只是不是一个部门。接下来的,请你们自己说吧。”

(4)注意介绍时的细节。

在介绍他人时,介绍者与被介绍者都要注意一些细节:

①介绍者为被介绍者做介绍之前,要先征求被介绍者的意见,切勿开口就讲,这样会显得很唐突,让被介绍者感到措手不及。

②被介绍者在介绍者询问自己是否有意认识某人时,一般应欣然表示接受。如果实在不愿意,应向介绍者说明缘由,取得谅解。

③当介绍者走上前来为被介绍者进行介绍时,被介绍者双方均应起身站立,面带微笑,大大方方地目视介绍者或者对方,态度要诚恳;待介绍人介绍完毕后,被介绍双方应微笑点头示意或握手致意。

④介绍者介绍完毕,被介绍者双方应依照合乎礼仪的顺序进行握手,并且彼此使用“您好”“很高兴认识您”“久仰大名”“幸会”等语句问候对方,必要时还可以进一步做自我介绍。

(四)拜访礼仪

在商务交往过程中,相互拜访是常有的事,如果懂得商务拜访礼仪,无疑会为拜访活动增添色彩。

1. 拜访前的准备

有句话说得好:不打无准备之仗。商务拜访前同样需要做好充分准备。

(1)预约不能少。

拜访之前必须提前预约,这是最基本的礼仪。一般情况下,应提前三天给拜访者打电话,简单说明拜访的原因和目的,确定拜访时间,经过对方同意以后才能前往。

(2)明确目的。

拜访必须明确目的,出发前对此次拜访要解决的问题应做到心中有数。例如,你需要对方为你解决什么,你对对方提出什么要求,最终你要得到什么样的结果等,这些问题的相关资料都要准备好,以防万一。

(3)礼物不可少。

无论是初次拜访还是再次拜访,礼物都不能少。礼物可以起到联络双方感情,缓和紧张气氛的作用。所以,在礼物的选择上还要下一番苦功夫。既然要送礼就要送到对方的心坎里,了解对方的兴趣、爱好及品位,有针对性地选择礼物,尽量让对方感到满意。

(4)自身仪表不可忽视。

肮脏、邋遢、不得体的仪表,是对被拜访者的轻视。被拜访者会认为你不把他放在眼里,对拜访效果有直接影响。一般情况下,登门拜访时,女士应着深色套裙、中跟浅口深色皮鞋配肉色丝袜;男士最好选择深色西装配素雅的领带,外加黑色皮鞋、深色袜子。

2. 拜访过程

商务拜访过程中的礼仪众多,归纳为以下几点供参考:

(1)具备较强的时间观念。

拜访他人可以早到却不能迟到,这是一般的常识,也是拜访活动中最基本的礼仪之一。

早些到可以借此整理拜访时需要用到的资料,并正点出现在约定好的地点。而迟到则是失礼的表现,不但是对被拜访者的不敬,也是对工作不负责任的表现,被拜访者会对此产生看法。

值得注意的是:如果因故不能如期赴约,必须提前通知对方,以便被拜访者重新安排工作。通知时一定要说明失约的原因,态度诚恳地请对方原谅,必要时还需约定下次拜访的日期、时间。

(2)先通报后进入。

到达约会地点后,如果没有直接见到被拜访对象,拜访者不得擅自闯入,必须经过通报后再进入。一般情况下,前往大型企业拜访,首先要向负责接待的人员介绍自己的基本情况,待对方安排好以后,再与被拜访者见面。当然,生活中不免存在这样的情况:被拜访者身处某一宾馆,如果拜访者已经抵达宾馆,切勿鲁莽直奔被拜访者所在房间,而应该由宾馆前台接待打电话通知被拜访者,经同意以后再进入。

(3)举止大方,温文尔雅。

见面后,打招呼是必不可少的。如果双方是初次见面,拜访者必须主动向对方致意,简单地做自我介绍,然后热情大方地与被拜访者行握手之礼。如果双方已经不是初次见面了,主动问好致意也是必需的,这样可显示出你的诚意。应注意握手礼节,如果对方是长者、高职或女性,自己绝对不能先将手伸出去,这样有抬高自己之嫌,同样可视为对他人的不敬。

见面礼行过以后,在主人的引导之下,进入指定房间,待主人落座以后,自己再坐在指定的座位上。

(4)开门见山,切忌啰唆。

谈话切忌啰唆,简单的寒暄是必要的,但时间不宜过长。因为,被拜访者可能有很多重要的工作等待处理,没有很多时间接见来访者,这就要求谈话要开门见山,简单的寒暄后直接进入正题。

当对方发表自己的意见时,打断对方讲话是不礼貌的行为。应该仔细倾听,将不清楚的问题记录下来,待对方讲完以后再请求就不清楚问题给予解释。如果双方意见产生分歧,一定不能急躁,要时刻保持沉着冷静,避免破坏拜访气氛,影响拜访效果。

(5)把握拜访时间。

在商务拜访过程中,时间为第一要素。拜访时间不宜拖得太长,否则会影响对方其他工作的安排。如果双方在拜访前已经设定了拜访时间,则必须把握好已规定的时间。如果没有对时间问题做具体要求,那么就要在最短的时间里讲清所有问题,然后起身离开,以免耽误被拜访者处理其他事务。

3. 拜访结束

拜访结束时,如果谈话时间已过长。起身告辞时,要向主人表示"打扰"歉意。出门后,回身主动与主人握别,说"请留步"。待主人留步后,走几步再回首挥手致意"再见"。

商务拜访是当今最流行的一种办公形式,也是对礼仪要求最多的活动之一。掌握好上述礼仪要领,将有助于商务工作顺利进行。

(五)招待礼仪

在接待工作之中,对于来宾的招待乃是重中之重。要做好接待工作,重要的是要以礼待客。招待布置应要注意时间和空间条件，招待来宾的地点确定之后，往往有必要对其室内进行一些必要的布置。在招待过程中也要注意一些必要的礼仪。

1. 起身相迎，盛情款待

一是要让座于人。二是要代存衣帽。三是要斟茶倒水。为来宾上饮料时，还须注意干净卫生保证供应。四是认真专注。与来宾交谈时，务必要洗耳恭听、聚精会神，切不可一心二用，所答非所问。千万不要在招待来宾时忙于处理其他事务。例如，打电话、发传真、批阅文件、寻找材料，或是与其他同事交谈，等等。万一非得中途暂时离开一下，或是去接一下电话，事先别忘记要向来宾表示歉意。最好不要在同一时间同一地点接待来自不同单位的人士。要是遇上了这种情况，可按“先来后到”的顺序接待，也可以安排其他人员分别予以接待。

2. 注意问题

（1）时间条件。招待来宾的时间条件，主要涉及两个基本问题。一是来宾何时正式抵达。二是来宾将要停留多久。如果在来宾正式登门拜访时，因为接待人员的考虑不周，而让对方吃闭门羹，被抛在一旁，或者遭到驱赶，无疑会让人感受糟糕，并且有损公司形象。得知有人将要登门拜访，或是与他人商议邀其上门做客时，有经验的人一定会预先与对方了解正式抵达的时间和将要停留的时间。假如没有特殊原因，主人一方通常不宜以节假日、午间、夜间作为招待来宾的时间。

（2）空间条件。招待来宾的空间条件，指的是待客时的具体地点。一般而言，在公务活动之中待客的常规地点，有办公室、会客室、接待室等。接待一般的来访者可在自己的办公室进行。接待重要的客人，可选择专门用来待客的会客室。接待身份极其尊贵的来宾，有时还可选择档次最高的会客室——贵宾室。至于接待室，则多用于接待就某些专门问题来访之人。必要时，还需设置指引客人用的“指向标”。

3. 室内的布置

要注意的大致可分为以下几点：

（1）注意光线。应以自然光源为主，人造光源为辅，切勿使光线过强或过弱。招待来宾，尤其是接待贵宾的房间最好向南。如阳光直射，则可设置百叶窗或窗帘予以调节。使用人造光源时，最好使用顶灯、壁灯，尽量不要使用台灯或地灯，特别是不要让光线直接照射来宾。使用彩灯、漫光灯或瀑布灯是毫无必要的。

（2）注意色彩。招待来宾的现场，通常应当布置得既庄重又大方。特别是主要装潢、陈设的色彩，有意识地控制在一两种之内，最好不要超过三种。否则就会让来宾眼花缭乱，无所适从。在选择招待现场的主色调时，不要选用过于沉闷的白色、灰色、黑色，不要选用过于热烈的红色、黄色、橙色，也不要选用易于给人以轻浮之感的粉色、金色或银色。乳白、淡蓝、草绿诸色，方为上佳之选。

（3）注意温度。室温以24℃左右为最佳。因为它是人体体温的“黄金分割点”，令人最为舒适。室温低于18℃，往往令人寒冷难耐。室温高于30℃，则又可能会令人燥热不安。

（4）注意湿度。一般认为，相对湿度为50%左右，最是舒适宜人。相对湿度过高，往往会令人感到憋闷压抑，呼吸不畅。相对湿度过低，则又会让人觉得干燥，易生静电。

（5）注意安静。地上可铺放地毯，以减除走动之声；窗户上可安放双层玻璃，以便隔音；

茶几上可摆放垫子,以防安置茶杯时出声;门轴上可添润滑油,以免关门开门时的噪音。

(6)注意卫生。在待客的房间之内,一定要保持空气清新、地面爽洁、墙壁无尘、窗明几净、用具干净。

4. 注意陈设

其一,是要务求实用。一般来讲,在待客的房间之内放置必要的桌椅和音响设备即可。必要时,还可放置一些盆花或插花。诸如奖状、奖旗、奖杯等奖品,绘画、挂毯、壁挂等装饰之物,是没有必要摆放或悬挂其中的。

其二,是要以少为佳。

其三,是要完整无缺。一般不应为残、破、次、损、坏、废之物。物品勿要以次充好,或是令其"轻伤不下火线",往往得不偿失。

5. 座次安排

(1)面门为上。采用"相对式"就座时,通常以面对房门的座位为上座,应让之于来宾;以背对房门的座位为下座,宜由主人自己在此就座。

(2)以右为上。"并列式"排位的标准做法,是宾主双方面对正门并排就座。此时,以右侧为上,应请来宾就座;以左侧为下,应归主人自己就座。

(3)居中为上。如果来宾较少,而东道主一方参与会见者较多之时,往往可以由东道主一方的人员以一定的方式围坐在来宾的两侧或者四周,而请来宾居于中央,呈现出"众星捧月"之态。

(4)以远为上。道理十分简单:离房门近者易受打扰,离房门较远者则受到的打扰较少。

(5)佳座为上。长沙发优于单人沙发,沙发优于椅子,椅子优于凳子,较高的座椅优于较低的座椅,宽大舒适的座椅优于狭小而不舒适的座椅。

(6)自由为上。有时,未及主人让座,来宾便自行选择了座位,并且已经就座,此刻主人亦应顺其自然。在客人登门拜访之时,主人务必要使自己临场的一切表现都中规中矩。

(7)专门恭候

为了防止来宾来访时"吃闭门羹",负责招待对方的有关人员须至少提前10分钟抵达双方约定的地点。必要之时,还应专门在约定地点的正门之外迎候来宾。

6. 热情挽留

在一般情况之下,不论宾主双方会晤的具体时间长度有无约定,客人的告辞均须由对方首先提出。主人首先提出来送客,或是以自己的动作、表情暗示厌客之意,都是极其不礼貌的。当来宾提出告辞时,主人通常应对其加以热情挽留。可告知对方自己"不忙",或是请对方"再坐一会儿"。若来宾执意离去,主人可在对方率先起身后起身相送。

三、求职面试礼仪

求职面试是每个职场人士的必经之路,求职者能否实现求职目标,关键的一步是与用人单位见面,与人事主管或者部门决策人进行信息交流,以便使其确信求职者就是用人单位所需要的人才。在这个过程中,面试者除了努力展现自身的能力、素质外,得体的穿着、温和的谈吐、大方的举止等求职礼仪,也是必不可少的要素。求职礼仪要从面试开始前的准备事项开始,然后到面试中需要注意的礼仪,最后是面试结束的礼仪。

(一)求职面试前的注意事项

1. 面试准备——仪容仪表

心理学研究发现初次会面,45 秒钟就能产生第一印象。第一印象主要依据容貌、衣着、姿势和面部表情等,并会在后续交往中占据主导地位。另一个概念"首因效应"也证实初次见面应给人留下好印象。人们都愿意与衣着整齐、落落大方的人交往。所以,面试、求职者需要精心准备仪容仪表的。

①头发干净自然,如要染发则注意颜色和发型不可太标新立异。

②服饰大方整齐合身,选择服装的关键是看职位要求。

③面试前一天修剪指甲,忌涂指甲油。

④不要佩戴标新立异的装饰物。

⑤选择平时习惯穿的皮鞋,出门办事前一定要清洁擦拭。

2. 守时

守时是职业道德的基本要求,提前 10 ~ 15 分钟到达面试地点效果最佳。提前半小时以上到达会被视为没有时间观念,但在面试时迟到或是匆匆忙忙赶到却是致命的。不管你有什么理由,迟到也会被视为缺乏自我管理和约束能力。如果路程较远,宁可早点出门,但早到后不宜立刻进入办公室,可在附近的咖啡厅等候。

3. 各类材料的准备充分

参加面试的时候要准备好个人简历、自荐信、推荐表、协议书、成绩单以及各种相关证书等材料和一支笔。个人简历和自荐信最好中英文各一份,有些企业尤其是外企在面试时会提出要英文简历。在面试的时候,即使曾经在网上发过相关资料,自己也要带一份。出发前一定要检查一下材料是否携带齐全。

(二)面试中的礼仪

在面试前,再检查一下仪表,男士整理发型和着装,女士看看发型有没有乱,需不需要补一下妆,口红及齿间有没有杂物,也可在进入面谈办公室前,嚼一片口香糖,消除口气,缓和稳定紧张的情绪。提前关掉所有通信设备,以免面试时出现尴尬的场面。在感觉一切准备就绪的状态下,才能从容地面试。这期间还有一些需要注意的细节,具体如下:

(1)进入主考官的办公室,任何情况下都要注意敲门而入。

(2)入座礼仪。

进门后,等主考官示意坐下再就座。如果没有指定的座位,可选择主考官对面的位子坐下。另外,注意坐姿的优美与精神。坐椅子时,最好只坐 2/3,两腿并拢,身体可稍稍前倾。

(3)自我介绍的窍门。

当主考官要求做自我介绍时,不要同背书似的把简历上的一套再说一遍,那样只会令主考官觉得乏味。用舒缓的语气将简历中的重点内容稍加说明即可,如姓名、毕业学校、专业、特长等。如主考官想深入了解某一方面时,再作介绍。

(4)行为举止。

求职者在面试时要注意自己的行为举止:

①注意站正坐直,不要弯腰低头。

②眼睛平视,面带微笑,神情专注。

③双手放在适当的位置,并要安稳,手势不宜过多,需要时适度配合。不要做些玩弄领带、掏耳朵、挖鼻孔、抚弄头发、掰关节、玩弄招聘者递过来的名片等多余的动作。

④禁止腿不停地晃动、翘起等。

⑤自己随身带着公文包或皮包,也不要挂在椅子背上,可以把它放进自己坐的椅子旁边或背后。

(5)询问与应答的礼仪。

待人态度从容,有礼貌,保持积极自信的心态,是面试中智慧语言不断迸发的前提。面谈时,讲话要充满自信,回答问题时尽量详细,要按招聘人员的话题进行交谈。有的主考官会故意提问一些稍显冒犯的问题,用来试探面试者如何对待,考查其修养和应对变化的能力。面试者应保持冷静,不能意气用事。拒绝回答是可以的,但口气和态度一定要婉转、温和。

(三)求职面试结束时的礼仪

(1)主考官宣布面试结束时,可礼貌地与主考官握手并致谢。

(2)轻声起立并将座椅轻推至原位置。

(3)出公司大门时对接待者表示感谢。

(4)24 小时之内可发出感谢短信或者邮件。

(5)三天后,可打电话询问面试结果,不可过早,通话时间不要超过五分钟;先表示感谢,再询问面试情况。

面试考察的是一个人的综合实力,有些东西可以临时抱佛脚,有些却不行。像个人文化修养、礼仪修养这方面应该平时多积累,才能做到临阵不慌。

四、通信沟通礼仪

(一)电话沟通礼仪

电话被公认为最为便利的通信工具。在日常工作中,使用电话的语言很关键,它直接影响到一个公司的声誉。在日常生活中,人们通过电话也能粗略判断出对方的人品、性格。因而,掌握正确的、礼貌待人的打电话方法是非常必要的。

1. 打电话礼仪

(1)通话时间的选择。

①因公通电话,不要选择下班之后的时间;隐私通电话,则尽量不要占用对方的上班时间。

②若非特殊情况,工作电话不要在节假日、用餐时间和休息时间给对方打电话。半夜或清晨被电话吵醒,很容易引起对方的反感。

③打国际电话,首先要考虑对方国家的时差。

（2）通话时间的长度。

①在正常情况下，一次打电话的时间最好不要超过三分钟，这在国际上被称为“打电话的三分钟原则”。这要求打电话的人有很强的时间观念，并能及时抓住主题、言简意赅，在很短的时间内表达清楚自己的意思。切忌长时间占用电话，影响别人正常的通信。

②如果谈话内容较多，应该先问对方有没有时间，方便不方便长时间与你进行谈话，如果对方没有时间，可以另约时间。

（3）通话中的态度表现。

①通话开始。

A. 注意文明礼貌用语，态度热情诚恳。打电话时要先道一声“你好”，主动通报自己的单位或姓名。开口就打听自己需要了解的事情，咄咄逼人的态度是令人反感的。礼貌地询问对方是否方便之后，再开始交谈。比如，“您好！我是××，我想占用您两分钟时间，提两个问题，可以吗？”

B. 电话需转接，一定“请”字相求，并且应客气地道谢。由于某种原因，电话中断了，要由打电话的人重新拨打，并向对方说明，而不应该等着对方拨过来。

②通话进行中。

A. 通话过程中要精力集中，千万不能边吃东西边通话，也不要一边打电话，一边同旁人聊天，或者一边打电话，一边做其他的事，给对方心不在焉的感觉。

B. 不要对着话筒发出咳嗽声或吐痰声。同时要姿势端正，不要趴着、仰着、斜靠着或者双腿高架着。打电话的时候，即使对方看不见，也要当做对方就在眼前，尽可能注意自己的姿势。

C. 如果打错电话，要向对方说“对不起”“打扰您了”等道歉的话，不可以一言不发，挂断电话了事。如通话过程中出现了电话断线的情况，应该由打电话的一方重拨。

③结束通话。

A. 结束电话交谈时，一般应当由打电话的一方提出，然后彼此客气地道别，说一声“再见”，再挂电话，不可只管自己讲完就挂断电话。

B. 如果对方是尊者，如客户，一定要记住一点：永远让客户先挂电话。顾客至上，不仅仅表现在口头上，更要随时记在心上。

2. 接电话礼仪

小玲是一家汽车销售公司的电话销售人员，有一天，恰好在她忙得不可开交时，接到一个客户打来的电话，小玲在听了对方一番长长的问题后，只做了简单地回答就挂了电话。对方还没说再见，就听到小玲这边“咔嚓”一声挂了电话。客户一下子就愣住了，他没想到小玲会在他之前挂断电话，心里十分不快。后来，这个客户与小玲的上司一起聊天时，说起小玲挂电话的事，上司回来就把小玲训了一顿，并且扣除了她当月的奖金。因为接听电话而失去重要客户是得不偿失的事情。接听电话不可太随便，得讲究必要的礼仪和一定的技巧，以免横生误会。

（1）及时接电话。

一般来说，在办公室里，电话铃响三声之前就应接听，三声后就应道歉：“对不起，让您久等了。”如果受话人正在做一件要紧的事情不能及时接听，代接的人应妥当为其解释。如果既不及时接电话，又不道歉，甚至极不耐烦，就是极不礼貌的行为。尽快接听电话会给对方留下好印象，让对方觉得自己被看重。

(2)确认对方。

对方打来电话，一般会自己主动介绍。如果没有介绍或者你没有听清楚，就应该主动问："请问您是哪位？我能为您做什么？您找哪位？"但是，人们习惯的做法是，拿起电话听筒盘问一句："喂！哪位？"这在对方听来，陌生而疏远，缺少人情味。接到对方打来的电话，您拿起听筒应首先自我介绍："你好！我是某某某。"如果对方找的人在旁边，应说："请稍等。"然后用手掩住话筒，轻声招呼你的同事接电话。如果对方找的人不在，应该告诉对方，并且问："需要留言吗？我一定转告。"

(3)动作优雅。

接听电话时，应注意使嘴和话筒保持4厘米左右的距离；要把耳朵贴近话筒，仔细倾听对方的讲话。接电话的时候不能叼着香烟、嚼着口香糖；说话时，声音不宜过大或过小，吐词清晰，保证对方能听明白。

最后，应让对方自己结束电话，然后轻轻把话筒放好。不可"啪"的一下扔回原处，这极不礼貌，最好是在对方之后挂电话。

(4)调整心态。

当拿起电话接听的时候，一定要面带笑容。不要以为笑容只能表现在脸上，它也会藏在声音里，亲切、温情的声音会使对方马上对我们产生良好的印象。如果绷着脸，声音会变得冷冰冰。

(5)接电话的方式。

用左手接听电话，右手边准备纸笔，以便随时记录有用信息。

(二)微信短信礼仪

微信以其信息发布便捷、传播速度快、影响面广、互动性强等特点，在短短几年时间迅速发展成为目前国内社交用户群体最多的软件，也进而成为日常生活和工作中沟通交流的重要工具。使用得当，事半功倍，有利于提高工作效率；使用不当，事倍功半，甚至有损沟通。那么，如何正确使用微信，提高沟通效果，树立良好形象，这就需要我们了解和掌握微信礼仪。

1. 起名要规范

相当多的人认为微信用户名就是网名，起名可以随心所欲。当我们看到一些奇怪名字时，虽然没见过本人，但内心会对某人做出怪异、另类的判断。从名字的实际功能来讲，一个人的名字本质上是其区别于他人的代号。微信虽说是基于网络环境，但因其应用广泛，尤其经常被使用在工作中，因此应本着利于交往、利于记忆的目的起一个规范、有代表意义的微信名，而尽量不要标新立异、哗众取宠。

2. 加友要礼貌

添加他人为好友，要在备注栏里做自我介绍。不做自我介绍就加他人，如果微信名不是自己的真实名字，会让被添加的人感到困惑，有一种"猜猜我是谁"的感觉，更多的时候会被添加的人直接忽略掉。即使微信名是自己的真实名字，为体现对被添加人的尊重，做自我介绍也是必要的。添加微信通讯录中的好友入微信群,要事先征得当事人的同意。在现实生活中,我们经常会莫名其妙地收到很多弹出信息,而这些信息大多是毫无半点用处的,究其原因,是我们“被”拉入了各种各样的“群”。

3. 沟通要对等

沟通对等,一方面体现在沟通方式的对等上。沟通信息时,一般采用文字,而尽量不用语音。文字表达直观,语音很多时候不方便听,有时甚至会因为发音不标准或不清晰而让人产生歧义或误解。一方采用文字,而另一方为图省事而进行语音回复,本身就是沟通上的不平等,会使人感到缺乏修养。表情符号作为一种“非语言的表达方式”,在一定情境下比文字更简练、更形象、更传神、更富有表达力。但是在工作沟通中, 回复上级或者客户时仅仅使用表情符号是不妥的。表情符号并未设定明确含义,每个人的用法都可能不同,在不同情境下含义也可能不同,由于文化环境的差异同一个表情符号也会有不同的理解。另一方面体现在沟通过程的对等上。微信和短信不同,发短信只要对方手机开机就能正常收到信息,微信则需要在手机上网的前提下才能正常发挥功能,所以要事先检查微信是否正常运行,以确保及时回复他人信息,因故未及时回复的要表明歉意。

4. 信息发送要完整

务必把一段完整的话一次性发送。人的阅读方式是一片一片进行的,如果一句句地看,不但效率低,也容易找不到重点,还容易被其他人的话打断成几截。不要发没有意义的消息,如“在吗?”“有时间吗? 能麻烦你一下吗?”问这种问题的人,实在是让人很困扰。工作交流使用微信的要义在于高效和迅速,如果明明有事却只说一句“在吗?”没有下文,是非常让人不快的事情。建议信息要清晰完整、简明扼要,才能体现职场人士的专业、高效。

5. 重要信息要斟酌

微信这个平台可以帮助实现信息流高效和快捷的传递,因此对于自己发送出去的信息应该斟酌,尤其是工作中的重要信息。使用微信发送重要信息时请提前打好草稿,至少不要有错别字。微信沟通更类似书面沟通,太过口语化、错别字满屏,会降低沟通效率。不恰当的信息也会引起误会,因此重要信息需斟酌。

案例

史上最“牛”的女秘书

这是一个真实的案例。2006 年 4 月 7 日晚 EMC 大中华区总裁陆纯初回办公室取东西,到门口才发现自己没带钥匙。此时他的私人秘书瑞贝卡已经下班。陆试图联系未果,怒气之下给瑞贝卡发了一封措辞严厉且语气生硬的“谴责信”。陆在发送这封邮件的时候,同时转给了公司几位高管。

秘书收到电子邮件后,并没有承认错误,接受总裁的批评,而是在两天后以强硬的态度和咄咄逼人的气势给总裁回了一封令人吃惊的电子邮件,大意是:“首先,我做这件事是完全正确的。我锁门是从安全角度上考虑的。如果一旦丢了东西,我无法承担这个责任。其次,你有钥匙,你自己忘了带,还要说别人不对。造成这件事的主要原因都是你自己,不要把自己的错误转移到别人的身上。第三,你无权干涉和控制我的私人时间。我一天就 8 小时工作时间,请你记住中午和晚上下班的时间都是我的私人时间。第四,从到 EMC 的第一天到现在为止,我工作尽职尽责,也加过很多次的班,我也没有任何怨言,但是如果你们要求我加班是为了工作以外的事情,我无法做到。第五,虽然咱们是上下级的关系,也请你注意一下你说话的语气,这是做人最基本的礼貌问题。第六,我要在这强调一下,我并没有猜想或者假定什么,因为我没有这个时间也没有这个必要。”本来,这封咄咄逼人的回信已经够令人吃惊了,但是瑞贝卡选择了更加过火的做法。她回信的对象选择了“EMC(北京)、EMC(成都)、EMC(广州)、EMC(上海)”。这样一来,EMC中国公司的所有人都收到了这封邮件。近一周内,该邮件被数千外企白领接收和转发,几乎每个人都不止一次收到过。很多人还在邮件上留下诸如“真牛”“解气”“骂得好”之类的点评。最终,女秘书离开公司。瑞贝卡在网络上被称为“史上最牛的女秘书”,却把自己置于了找不到工作的境地。

(三)电子邮件礼仪

互联网的时代,每天通过互联网发送的电子邮件多达上千亿封,而且将会越来越频繁,所以把握电子邮件礼仪是职场新式礼节的必修课。“在商务交往中要尊重一个人,首先就要懂得替他节省时间”。电子邮件礼仪的一个方便之处就是节省他人时间,只把有价值的信息提供给需要的人。

1. 关于主题

邮件的主题是首先映入收件人眼帘的内容。为了便于阅读者筛选信息,主题必须提纲挈领,简明扼要。

(1)在填写主题时,标题要简短扼要,让人一目了然清楚知道邮件的内容,不要过于冗长。

(2)在回复对方的邮件的时候,根据实际的内容作出相应的调整,比如删除多余的“Re:Re:”这样的重复标题。

2. 关于头尾

(1)关于称呼:对于收件人的称呼,要注意拿捏尺度,如果对方有职务,可以称呼对方的职务,如赵总、李处长这样,不清楚的可使用一般性称呼。

(2)开篇语一般都以“您好”的问候语打头,结尾附上“诚祝:工作愉快,一切顺利!”“顺祝商祺”等措辞,毕竟礼多人不怪。

3. 关于正文

(1)正文要简明扼要,行文通顺。如果正文内容过多,可正文摘要说明,然后单独附件详细描述。一定要有摘要,一个只有附件没有摘要说明的邮件,会让对方对你的印象大打折扣。

(2)正文要避免错别字,这是最基本的礼仪,邮件发送前要仔细检查一遍。

正文书写同使用编辑文档一样,合理使用邮件中自带的表格和格式很有必要,比如对重点内容的合理加粗标记,要使整体效果显得简洁大方,重点突出。

4. 关于附件

(1)附件要合理命名,方便对方下载和使用。

(2)正文中一定要对附件有所摘要说明,附件的整理要有章可循。

(3)如果附件较多,要打包压缩后再发送,方便他人,方便自己。

(4)尊重对方习惯,依据对方的习惯来选择合适的附件格式与内容。

5. 关于签名

(1)邮件中应合理使用签名,向对方介绍你的相关信息。

(2)签名信息应包括姓名、公司、职务、电话、传真、地址等信息,注意签名信息不要过多。

(3)签名文字格式应与正文相匹配。

(4)签名可针对对公、对私、对亲疏远近不同而区别设置。

6. 关于发送

电子邮件包含有发送、抄送和密送的功能,在使用时要学会区分其功能。

(1)发送代表需要对方答复,抄送只需对方知情,可以不必回复,密送表示私人发送,其他收件人不知。

(2)对于邮件中的收件人,一定要根据不同的部门和职级进行排列。

(3)只发给需要这份邮件的人,不要浪费他人时间。

7. 关于回复

(1)重要事件要及时简要回复,对于暂时无法答复的,可以说明情况,声明反馈时间。

(2)来回回复的次数不要多,多次沟通无果建议放弃邮件沟通。

技能实训

(一)交往礼仪训练

情景模拟:在公司见到同事、上司、客户、关联单位业务代表时的见面问候礼仪。按照见面礼仪规范要求正确运用表情,要求有称呼、握手、递接名片、给其他同事介绍与你同去的第一天上班的新同事,给上司和其他同事介绍到办公室办理业务的客户。

角色分配:同事1人,上司1人,关联单位业务代表、客户、新同事1人,第一天上班的人员1名。

(二)求职面试礼仪训练

情景模拟:大学毕业生参加公司面试,根据面试流程求职者自我介绍。面试官围绕简历提问,主要考核面试中和面试结束时的礼仪规范。

角色分配:面试者1人,人力资源2~3人,部门主管1人。

(三)电话沟通礼仪训练

情景模拟:公司的服务人员,跟客户电话沟通业务事宜,按照礼仪规范接打电话,要求打电话通知客户公司业务,接听客户投诉电话,代接同事电话。

角色分配:公司服务人员1人,客户1人,同事1人。

模块小结

(1)日常见面礼讲究顺序,原则上尊者享有先知权,即位低者先行:地位身份低的人先问候地位身份高的人;晚辈先向长辈问候;下级先向上级问候;主人先向客人问候;男士先向女士问候。

(2)一个良好的交际形象,眼神应该是坦然、亲切、和蔼、传情达意的,特别是在与人碰面交谈或者握手等情况下,眼睛应注视对方,不应躲闪或游移不定,需要注意注视的时间、角度、方式、禁忌等。

(3)微笑的礼仪标准是眼睛笑、眼神笑、嘴角上翘,给人亲切自然的感觉。

(4)称呼礼仪应根据不同的对象,区别不同场合灵活使用,以文明礼貌地友好交往为原则。在工作交往中,可使用职务性称呼、职称性称呼、行业性称呼、性别性称呼、姓名性称呼。

(5)握手的标准方式:相距一米、身体前倾、右手相握、四指并拢、虎口相对、目视对方、面带笑容、稍事寒暄、稍许用力、时间三秒。根据商务礼仪规范,握手时双方伸手的先后次序,应当在遵守“尊者决定”的原则前提下,具体情况具体对待。

(6)递送名片时,遵循“尊者享有先知权”的原则,应面带微笑,注视对方,将名片正对着对方,用双手的拇指和食指分别持握名片上端的两角送给对方,如果是坐着的,应当起立或欠身递送。接收他人递过来的名片时,应尽快起身或欠身,面带微笑,用双手的拇指和食指接住名片的下方两角,并视情况说“谢谢”等。商务人士应将名片整齐地放在名片夹、盒或上衣内侧口袋中,收到的名片整理放置于名片册进行妥善地分类保管,以便查找。

(7)自我介绍要抓住时机,态度要自然、友善、亲切、随和,言简意赅,介绍内容包括姓名、供职的单位以及具体部门、担任的职务和所从事的具体工作。根据礼仪惯例,自我介绍时由地位低者先介绍,先递名片为佳。

(8)根据商务礼仪规范,介绍者为被介绍者作介绍之前,要先征求双方被介绍者的意见,遵守“尊者享有先知权”的规则。

(9)求职面试前:需要精心准备仪容仪表;确认面试地点查询路线,提前10~15分钟到达效果最佳;出发前一定要检查是否携带齐全简历等相关材料。面试时敲门而入,注意自己的行为举止,回答问题要有礼貌有智慧。面试结束时,可礼貌地与主考官握手并致谢,轻声起立并将座椅轻推至原位置。

(10)打电话时注意选择通话的时间,把握通话时间的长度,通话过程中要精力集中,不可心不在焉地做其他事情,千万不能边吃东西边通话;结束电话交谈时,一般由打电话的一方提出,客气道别,客户先挂电话。电话铃响三声接听电话,确认对方,用左手持电话,右手边准备纸笔,便于随时记录有用信息。结束时,应让对方先挂电话,然后轻轻把话筒放好。

(11)微信起名要规范、有代表意义;添加他人为好友时,要在备注栏里做自我介绍;沟通信息时,一般采用文字,尽量不用语音;信息要把一段完整的话一次性发送,重要信息要斟酌。

(12)电子邮件的主题应提纲挈领,简明扼要;注意开头的称呼问候和结尾的礼仪;正文行文通顺,避免错别字;附件要合理命名,方便对方下载和使用;区别使用发送、抄送和密送的功能;重要事件要及时简要回复,对于暂时无法答复的,可以说明情况,声明反馈时间的安排。

思考与练习

(一)填空题

1. 日常生活和工作中,遇到领导、同事、朋友或者客户时,通常可用举手、点头、欠身等方式打招呼致意,在顺序上应是________享有优先权。

2. 自我介绍的内容包括三要素：本人的姓名、供职的单位以及具体部门和________。

3. 在男女之间的握手时，伸手的先后顺序也十分重要，在一般情况下应该是________先伸手。

4. 商务人士应将名片整齐地放在名片夹、盒或________中，收到的名片整理放置于名片册进行妥善地分类保管，以便查找。

5. 恰当地介绍别人是商务人员必备的礼仪技巧，能够正确地掌握先后次序是十分重要的。通常在介绍中，将职位________的人介绍给职位________的人。

6. 求职面试前需要精心准备仪容仪表，并确认面试地点查询路线，提前________分钟到达效果最佳。

7. 在商务交往中，往往需要用电话联系。如果在业务洽谈中突然出现了电话断线的情况，那么应该由________打回来。

8. 接电话时，应该铃响________声内接听。

9. 如今，微信已经成为日常生活和工作中沟通交流的重要工具，在使用时应注意微信回复上级或者客户时________使用表情符号。

10. 电子邮件应用已相当普遍，非常重要的邮件要在________小时内回复。

(二)判断题

1. 工作中遇到不熟悉的同事领导或者客户，可不予理睬。（　　）

2. 与别人谈话时，眼睛应该盯着对方以示尊重。（　　）

3. 微笑的礼仪标准是眼睛笑、嘴角上翘，女士应当笑不露齿。（　　）

4. 一男士与一女士见面，女士首先伸出手来，与男士相握。（　　）

5. 名片一定要用双手递，双手接；接递同时进行时左手递右手接。（　　）

6. 介绍时要先将地位低的人介绍给地位高的人。（　　）

7. 应聘时提前到达面试公司的时间越早越好。（　　）

8. 面试开始时，应试人可以自己找座位坐下，不用等别人让座。（　　）

9. 电话中断应由接电话的人来打。（　　）

10. 使用微信询问别人事情时，要先问一句“在吗？”。（　　）

(三)简答题

1. 日常工作和生活中，见面礼讲究什么顺序？

2. 商务场合握手时，有哪些礼仪禁忌？

3. 商务交往中如何保管名片？

4. 张强和王芳在门口迎候来宾。一轿车驶到，客户下车。王芳上前，道：“陈总，您好！”呈上自己的名片。又道：“陈总，我叫王芳，是正道集团公关部经理，专程前来迎接您。”陈总道谢。张强上前：“陈总好！您认识我吧？”陈总点头。张强又说：“那我是谁？”陈总尴尬不堪。

请指出上述情景中的失礼之处。

5. 一位总经理在电话里与他的一位客户商谈一项合同的制订，经理使用的是扬声电话，并且礼貌地告诉对方自己用的是扬声电话，并且还有两位助手在旁边听着。这位经理在谈话的中间发现缺了一些资料，所以向那位客户建议稍等一会儿给他打过去，对方同意了。这位经理到销售经理那儿去拿资料，销售部的经理要求与他一起去商谈这件事情。进入办公室后，总经理又用扬声电话打给那位客户，告诉他自己没有找到要找的资料，希望客户原谅。客户有点儿不高兴，说着将话题转到销售部，并开始批评这个合同，批评销售部的一些行为。此时，销售部的经理实在忍不住了，直接通过这部扬声电话解释事情的来龙去脉。

请指出上述情景中的失礼之处。

6. 某科研机构招聘科研人员。由于待遇优厚，应者如云。某高校李云小姐前往面试。只见她挽着同宿舍的张某的手臂袅袅婷婷地步入科研所面试大厅。进入前她又掏出化妆盒补了一下妆。进入面试所在的屋子后，主考官问她有什么特长，她说她在学校是公关部长，有能力领导各种文艺活动。说着她想给主考官看放在包里的资料，结果翻了半天，好不容易找到了，拿出来的时候将她的系列化妆品也带出来了，掉了一地。主考官们面面相觑。

请指出上述情景中的失礼之处。

模块四　沟 通 技 能

学习目标

1. 熟知沟通准备工作并学会应用；
2. 明确有声语言的特性和要求；
3. 能够运用语言沟通的基本原则开展人际沟通；
4. 了解非语言沟通的作用，熟练运用非语言沟通的表现形式；
5. 能够同沟通的对象得体交谈；
6. 能够在沟通中有效运用赞美、说服、拒绝、提问和回答；
7. 掌握应聘技巧；
8. 灵活运用职场沟通的技巧，提高职场沟通的效果。

建议课时

10 课时。

一、沟通准备

对于重要的沟通，事前更要进行精心准备。那么，要从哪几个方面进行沟通呢。

(一) 确立详细而明确的沟通目的

沟通一般有四大目的，包括：说明事物、表达情感、建立关系、进行企图。

(1) 说明事物。把一件事情或者一件东西说清楚，这是沟通要达成的目的。比如要与某人见面表达一件什么事情，这件事情的核心内容，以及事情之间的关系和关联人物等。我与这件事情有什么关系？需要沟通把这件事情说清楚。因此，说明事物经常是我们的沟通目的。

(2) 表达情感。生活和商务活动中很多沟通是为了表达感情。人际交往中人一旦被关心，就会被感动，就会在被需要时挺身而出。比如天气变化时提醒一下更换衣服、领导出差时提醒他不要错过航班、同事出行时提醒他不要忘记带必需用品。生日祝福、出行提醒、日常关心等都会把人的真挚情感表达出来。

(3) 建立关系。建立关系会让很多事情走上捷径。有了某种关系，沟通起来就顺风顺水，减少障碍。尤其是当前互联网时代，关系建立后，沟通的方式也随之丰富：邮箱、QQ、微信等既能随时表达沟通事宜,又能轻松传递沟通需要的相关信息。

(4)进行企图。就是要达到某种目的,完成某种使命。我们力求沟通达到好的企图。使双方合作愉快,获取支持,以便事业发展。

(二)确定计划

目标确定后就要着手计划,对全过程的沟通工作、沟通方法、沟通渠道等进行计划与安排。

商务沟通计划一般由组织机构制订,商讨后经部门领导审批或上报审批后才可以执行。商务沟通计划一旦涉及内容重要或环节复杂,就应当制订沟通计划书或沟通计划表。

(三)做好预案

做好各种可能出现的情况预案。如果沟通并不顺利,那么你可以根据先前的预案灵活处理,做到心中有数。做预案时尽量把可能的情况都想到,并逐条写下来。

一个重要项目有效的沟通预案应该包括以下要素:

(1)制定沟通计划并经过有关部门批准,以正式文件下发。

(2)明确有关职能部门和机构沟通职责,落实信息的收集、整理、分析、报送等各项任务的分工。

(3)建立相关工作人员的联系方式,包括姓名、电话号码(工作时间和休息时间)及其电子邮箱地址。

(4)明确信息的核查和报批的程序,这些程序包括:

①向有关部门通报情况,要求他们帮助核查信息。

②明确必要时启用迅速核查信息的快速通道。

③启动应急沟通协调的会议制度,包括必要时采用视频会议系统等。

④明确内部信息快速报送的工作职责和程序。

⑤向所有参与应急处置的部门通报相关信息,确保信息互通和行动协调一致。

⑥由授权发布的部门向媒体和公众发布信息(如新闻办)。新闻通稿要经过职能部门核稿和分管领导审批。

⑦设立公共事件的新闻发言人。

⑧建立当地和驻地媒体及记者的联系通讯录,通讯录包括姓名、性别、单位、职务、电话号码(工作时间和休息时间),传真,及电子邮箱地址。通讯录要及时更新。

⑨建立与有关部门应急沟通联动工作机制,明确各自分工职责和协商方式及程序。

⑩通过政府应急指挥部(应急工作领导小组或联防联控机制)争取必要的应急保障资源(如设备、人员等),用于应急期间管理公众信息和引导媒体舆论活动。

⑪建立应急信息发布方式,如召开新闻发布会,热线电话等有效宣传手段。

⑫建立信息反馈机制:风险沟通计划中要明确信息沟通的反馈机制。可以直接获取沟通对象的反馈信息,也可以通过媒体、社区领导、居民、志愿者等间接获取反馈信息。

(四)情况分析

“知己知彼,百战不殆”,一定要清楚对方的所有情况。习惯、爱好、性格、脾气都要清楚,也要清楚对方对沟通事项的态度。我方的优势、劣势也要一目了然,不能糊里糊涂,也不能应付了事,或者存在侥幸心理。

(五)提前预告

和对方进行前期接触,可以采用电话、邮件等方式将要沟通的内容告知对方,让对方有一个准备,这样之后沟通起来就会得心应手,当然这需要具备一定的条件。

二、语言沟通

(一)有声语言的特性与要求

1.有声语言的特性

有声语言是用语音表达或接受思想、感情,以说、听为形式的口头语言。从语言运用看,有声语言在传情达意的过程中最直接、最普遍、最常用。有声语言具有以下特性。

(1)有声性。有声语言根据表达的需要对声音的高低、升降、快慢做语调变化。

(2)自然性。有声语言通俗、平易、自然。它保留了生活中许多语音、词汇和语法现象,如方言、俚语、俗语、儿话、象声、叠音等词汇,表达时生动、自然。

(3)直接性。有声语言的传达和交流以面对面为主要形式,信息传递直接、快捷。

(4)即时性。有声语言突发性、现场性强,现想现说,可舒缓、可急迫、可更正、可补充。

(5)灵活性。有声语言的表达可根据所处的语言环境随时调整、变化。表达者在不同的地点、场合,面对不同的任务对象,对谈论的话题、选择的角度、切入的深度等都可以随机应变。

2.有声语言的基本要求

(1)准确流畅。在表达思想感情时,应做到口音标准、吐字清晰,语句规范。应去掉过多的口头语,以免语句割断;语句停顿要准确,思路要清晰,谈话要缓急有度,从而使交流活动畅通无阻。

(2)词汇丰富。在丰富的词汇储备基础上精心选择最确切、最恰当的词汇,才能正确地反映客观事物,真切地表达自己的思想感情。为此就要努力学习词汇,掌握丰富的词汇以及成语、格言、歇后语、惯用语、谚语等,根据需要,精心加以选用,增强艺术效果。

(3)清亮圆润。有声语言音色优美,善于变化,富有磁性,富有艺术魅力,令人心情舒畅。为此首先要注意声音的情感变化,说话内容庄重,应用严肃的声音;内容平和,应用舒缓的声音;情感悲切,应用沉郁的声音;情感亢奋,应用高亢的声音;情感急骤,应用短音;情感惬意,则用长音。其次要自觉克服大喊大叫、漏气、带有喉音、鼻音太重和发音抖动等毛病,正确使用呼吸器官和共鸣腔,加强对声音的控制能力,使呼吸、声带闭合与咬字两者协调起来,从而达到声音和谐、适度、清亮、圆润的目的。

(4)热情自然。热情是对表达内容的兴奋之情或激情,使声音听起来富有表现力,通过改变音高、音量、语速等使声音与语言内容、思想情感相吻合,使听众更加理解。

(二)语言沟通的技巧

语言艺术的具体方法因人、因事、因时、因地而异,没有绝对的适用任何情况的方法。

1. 积极表达期望

赞美、信任和期待具有一种能量，它能改变人的行为。语言沟通中，积极的语言反映表达出积极的心理期望。要做到积极表达，可从以下几个方面来把握。

（1）避免使用否定字眼或带有否定口吻的语气。例如双重否定句不如用肯定句来代替，必须使用负面词汇时，则尽量使用否定意味最轻的词语。

（2）强调对方可以做的而不是你不愿或不让他们做的事情，以对方的角度讲话。例如说"我们不允许刚刚参加工作就上班迟到"，就不如说"刚刚参加工作的人保证按时上班很重要"。

（3）把负面信息与对方某个受益方面结合起来叙述。可以说"你可免费享用20元以内的早餐"，而不是说"免费早餐仅限20元以内，超出部分请自付"。

（4）如果是消极的或根本不重要的信息，就干脆省去。

（5）低调处置消极面，压缩相关篇幅。

2. 注意推论与事实

人们通常在观察外界的时候，在获得所有的必要事实之前就开始进行推论，推论的形成相当快，以致很少有人仔细考虑它们是否真的代表事实。"他未完成工作，因为偷懒。"这个语句表示的并非事实，而是推论，因此不良的沟通就产生了。为了避免妄下推论，在与人沟通过程中应当注意以下情况。

（1）学会区分哪些是事实，哪些是推断。

（2）根据从他人处得到的信息做出决策时，要评估推断的准确性。

（3）听取别人的汇报时，让其陈述事实而不是听取他人的评价。

（4）在说服别人时要使用具体的事实而非个人的价值判断。

（5）使用文字沟通时，要表明自己的推断。

（6）意识到事情的复杂性，不要将其简单化。

（7）当只看到两种选择结果时，主动找出更多种可能出现的情况。

（8）如获得的信息是经过过滤的，说明并没有得到所有的事实。

（9）尽量向他人提供背景信息，以便准确地解释自己的观点。

（10）以具体的证据、事实和事例来支持笼统的陈述和评价，并检查自己的反应，保证自己的决策建立在合理的证据之上。

3. 进行委婉表达

（1）感情通过迂曲委婉的说法来表达。

（2）易于接受。委婉的语言可以达到和谐沟通的目的。例如某一员工衣帽不整有碍企业形象，可以说："样式还算挺好的，如果能够再把这个颜色换一下，更好些。"这样的语言会使员工乐于接受，心悦诚服地愿意改正。

（3）言简意赅。委婉的语言容量较大，虽然很简洁通俗，含义却相当深刻。

（4）手法新颖。委婉表达产生于人际沟通中出现的一些不能直言的情况。一是总会存在一些因为不便、不忍或不雅等原因而不能直说的事和物，只能用一些与之相关、相似的事物来烘托要说的本意。二是总会存在接受正确意见的情感障碍，只能用没有棱角的软化语言来推动正确意见被接受的过程。

4. 使用模糊语言

我们在客观世界里所遇到的各种各样的客观事物,绝大多数都没有一个明确的界线。巧妙地利用语言的模糊性,使语言更能达到人际沟通追求的目标之一。

(1)化难为易。“化难为易”也称“化险为夷”。当遇到难以应付的棘手场合或非说不可却难以启齿的局面,成功的沟通者往往会用模糊语言,以摆脱尴尬的处境。

(2)缓和语气。在某些情况下,对方可能故意损害你,使你怒发冲冠、情绪激动,气氛紧张。在这种情况下,注意使用模糊语言,易于控制自己的情绪,缓和气氛,使事态朝好的方向发展。

(3)点到为止。模糊语言要有分寸,要点到为止。不该说的不说,能把自己意思表达明白却不伤害别人。不能直言不讳。要把自己的意思曲折地表达出来,并且要让对方明白。

(4)增大容量。模糊语言的一个重要特征在于它能把难以表述的道理表达出来,大大地丰富表达效果。模糊语言是“犹抱琵琶半遮面”,这样更能引起人们的联想推断,包含着广博的内容。

(5)手法新颖。语言沟通的模糊法就是使输出的信息模糊化。以不确定的语言进行交往,以不精确的语言描述事物,以达到既不伤害或为难别人,又保护自身的目的。

除了上述模糊方法外,还有一些方法值得我们借鉴。如:以大概念取代小概念、以弹性概念取代精神概念、回避、答非所问、以选择式代替指令式等。

5. 不妨幽默表达

幽默一词在古代汉语中早已有之,含义是寂静无声。幽默在沟通中比其他方式更为复杂。运用必须自然,切忌强求。幽默是一种风格、行为特性,是智慧、教养、道德处于优势水平下的一种自然表现。幽默可以化解难堪,亦可以化解矛盾,还可以针砭时弊。使用幽默,可以在轻松的气氛下进行严厉的批评。幽默还可以使你获得有力的反击武器。

幽默是思想、学识、智慧和灵感的结晶,是语言风格在气质语言运用中的外化。应掌握“歪解”“降用”“仿似”“自嘲”“辨析”等方法,并在语言表达中加以练习运用。

(三)提高声音质量

1. 影响声音质量的因素

(1)音域。音域即每个人的声音从低音到高音的范围。如果一个人的音域过窄而造成表达上的障碍,则需要专门为此进行训练,以拓宽自己的音域。事实上对于大多数人来说,不在于是否拥有令人满意的音域,而在于是否最好地利用了他们的音域。

(2)音量。也就是发出声音的强弱、大小。微弱的声音,缺乏力度,使有声语言没有表现力,难以表达强烈的思想感情;而响亮、浑厚、有穿透力的声音,则能做到高低起伏,轻重有别,可以增强声音的表现力与感染力。因此,如果我们的音量不够大,则可以通过在呼气时提高腹部区域压力的方法加以锻炼。

(3)音长。也就是声音的长短,它同语速、停顿密切相关,可以影响语言节奏的形成,对声音的质量同样有着不可忽视的作用。语速,也就是讲话的速度。大多数人正常交流时语速为每分钟 130 ~ 150 个字,而播音员的语速一般在每分钟 180 ~ 230 个字。可见,对于不同的人,不同的语言环境,语速的差异是较大的。我们不需要去统一执行哪个标准语速,因为一个人的语速是否恰当关键取决于听众是否能理解他在说什么。通常情况下，当一个人发音非常清楚，并且富有变化、抑扬顿挫时，即使语速很快也能被人接受。

（4）音质。嗓音的音调、音色或声音。它往往是一个人声音的个性。如笛子有笛子的声音，而京胡有京胡的声音。音质决定于共鸣腔的状态和质量的变化。直接影响到声音是否优美悦耳，影响到声音的表现力。最好的音质就是一种清楚悦耳的音调。音质上的障碍包括鼻音、呼气声、嘶哑的声音和刺耳的声音。

针对上述这四个特征，我们一方面要进行良好的训练，另一方面，要学会合理地控制这些特征，这样就可以使声音富于变化、轻重有别，从而更加有效地表达语言的思想内容。

2. 发声练习

（1）控制气息。在语言交流中要想使声音运用自如、音色圆润、优美动听，就要学会控制气息，掌握呼吸和换气的技巧。呼吸的紧张点不应放在整个胸部，而应放在丹田，以丹田、胸膛、后胸作为支点，即着力点。通过吸气、呼气、换气的协调应用，处理好气息的力量支点，声音才有力度。

（2）训练共鸣。气流从肺部上升到喉头冲击声带发出的声音本来是很微弱的。但经过喉腔、咽腔、口腔、鼻腔的共鸣，声音就扩大了。但是，要想使声音洪亮、圆润、悦耳，就需要进行鼻腔共鸣、口腔共鸣、胸腔共鸣的特殊训练。

（3）吐字归音。吐字归音是汉语的发声法则，即“出字”和“收字”的技巧。我们把一个字分为字头、字腹和字尾三部分，“吐字”（咬字）是对字头的要求，“归音”是对字腹尤其是对字尾的要求。不能草草收住。如“天安门”三个字收音时舌位要平放，舌尖抵住上齿龈，归到前鼻韵母“n”音上。只有这样归音才到位，才能使声音饱满，富有韵味。

三、非语言沟通

据研究，高达93%的沟通是非语言的，其中55%是通过面部表情、身体姿态和手势传递的，只有38%的沟通是通过声调传递的。

所谓非语言沟通，是指不通过口头语言和书面语言，而是通过其他的非语言沟通技巧，如声调、眼神、手势、空间距离等进行沟通。因为非语言沟通大多通过身体语言体现出来，所以通常也叫身体语言沟通。在沟通过程中，非语言沟通与语言沟通关系密切，而且经常相伴而生。

（一）非语言沟通的作用

1. 代替语言

非语言沟通具有一定的替代有声语言的功能。许多有声语言所不能传递的信息，通过非语言沟通却可以有效地传递。另外，非语言沟通可以产生有声语言所不能达到的交际效果。

在商务沟通中运用非语言沟通要尽量生活化、自然化，与当时的环境、心情、气氛相协调，如果运用非语言沟通时过分夸张或矫揉造作，则只会给别人造成虚情假意的印象，影响沟通的质量，甚至会起到反作用。

2. 强化效果

非语言沟通不仅可以在特定的情况下替代有声语言，发挥信息载体的作用，而且在许多场合,还能强化有声语言信息的传递效果。例如当领导在会上提出一个远大的计划或目标时,他必须用准确的非语言沟通来体现这个目标的重要性。他应该用沉着、冷静的目光扫视全体人员,用郑重有力的语调宣布,同时脸上表现出坚定的神情。在表达“我们一定要实现这个目标”时,要有力地挥动拳头。在表达“我们的明天会更好”时要提高语调,同时,右手向前有力地伸展,等等。这些非语言沟通大大增强了说话的分量,体现出决策者的郑重和决心。

3. 体现真相

非语言沟通大多是人们的非自觉行为。他们所荷载的信息往往都在交际主体不知不觉中显现出来。它们一般是交际主体内心情感的自然流露,与经过人们的思维进行精心组织的有声语言相比,非语言沟通更具有显现性。非语言沟通在交际过程中可控性较小,它所传递的信息更具有真实性,正因为非语言沟通具有这个特点,因而非语言沟通所传递的信息常常可以印证有声语言所传递信息的真实与否。

4. 表达情感。

非语言行为主要起着表达感情和情绪的作用。例如,相互握手表示着良好人际关系的建立。

(二)非语言沟通的表现形式

1. 副语言

副语言主要包括两类:一是伴随有声语言而出现的声音特性,如停顿、重音、语速、语调等,二是功能性发声,如笑声、哭声、呻吟、叹息、咳嗽等。相比常规语言,副语言更加依赖语境。脱离语境,副语言只剩下了一些功能性的发声,是纯粹的语音形式而没有确切的语意。副语言在不同语境中的运用使语意更加丰富。其主要有以下几方面的交际功能:强调功能。副语言借助重音、停顿或语速、语调的变化等并产生特别的表达效果。例如,咳嗽声可以表示默契、暗中提醒;打哈欠声可以表示厌烦;打喷嚏声可以表示嗤之以鼻;笑声可以表示蔑视,等等。否定功能。同样的语气因说话者的语调、语气或重音运用的不同,可能会有截然不同的语意。比如“你来得真早!”。既可以是直接肯定对方来得早的事实也可以是对方迟到的讽刺。这句话的否定意义就是通过加重“真”字的语音并放慢其语速而表达出来的。

(1)音调。音调是指语句的语调,是指说话者为了表达意思和感情而表现出的抑扬顿挫的语句调子。在普通话里,最常见的语调有升调和降调两种。疑问句一般用升调。陈述句、祈使句、感叹句一般用降调。同样的句子,因语调不同,其语意大不相同。如“你们能赢”这句话,如果是用来鼓励对方,或相信对方一定能赢,则用降调表达肯定的语气。反过来,对方已经赢了,但说话者对此表示怀疑,说“你们能赢?”用的是升调,则会令对方不愉快。在语言交际中要重视语调的作用,应善于运用不同的语调来表达确切的语意和情感。

(2)语速。语速是指说话的快慢。一般来说,性子比较急的人说话速度偏快,慢性子的人说话速度也慢。说话者可以利用语速来调整感情,更好地表情达意。人在激动、兴奋、喜悦、愤怒时语速较快,在悲伤、沉郁、忧郁、疑虑时语速较慢。在演讲或说话时,为了强调某些特定信息,讲话者有意放慢语速,并加重语气,而不太重要的信息则快速带过。

(3)停顿。停顿是声音的暂时中断。停顿虽然没有声音,但在语言交际中,适当地运用停顿也可传达信息，并产生较好的表达效果，所谓“此时无声胜有声”。比如，提出问题以后的停顿，不管是让人回答还是自问自答，都可以给对方提供思考的时间。

(4)重音。重音是指说话和朗读时把句子里的某些词语读得比较重的语言现象。一般短句中的谓语部分以及句子中的修饰、限制成分如定语、状语、补语部常要重读。例如，春天到了(“到”是谓语，读重音)。

(5)笑声。笑声是一种功能性发声。因为笑声有声音的传出，且声音本身有一定的含义。功能性发声大多都有相应的文字符号，如哈哈大笑、咯咯地笑等。笑声既是一种生理现象，也是一种心理现象，是人们内心情感的外部显示，同时它还是传递信息的手段。每一种笑声里都有特定的信息，并且可以通过面部表情表现出来。

(6)咳嗽声。咳嗽本来只是一种生理现象。但它有时候也是一种功能性发声，人们有意发出咳嗽声并借此传达特定的信息。例如在发言之前，讲话人习惯咳嗽一两声，一为镇定自己的情绪，二为提示别人安静下来。咳嗽声还可以用来填补语空，如果在说话时出现因一时的思维障碍而可能导致讲话突然中断，则说话人习惯用咳嗽声来填补语言间隙，从而使说话显得连贯。

(7)叹息声。叹息首先是一种生理性的反应。同时又是一种功能性发声，它可以作为信息传递的一种方式。在具体的语境中，有其较明确的含义。比如，当别人向你诉说令人悲伤的事情时，你适时地叹息一声，这叹息是表示同情予以安慰的意思。当你生活或工作遇到不如意情况时，别人问及了你，你的一声叹息也等于回答了别人，不愿多说也无须多说。在交际中要注意其使用。当别人高兴之际，你的叹息会引起别人的不快；而当别人悲伤之时，你无动于衷，不作声，则是悖于常情，也会令人不满。

(8)嘘声。嘘声表示语意的功能是非常明显的，而且情绪化色彩很强，在公众场合用得较为普遍。嘘声常常表现为观众的一种否定、对抗甚至是反抗的激烈情绪。对交际客体来说是一种伤害，是交际客体主观上不愿意接受的一种声音。

2. 沉默

沉默即言辞、话语间的短暂停顿。恰到好处的沉默是一种艺术。

沉默所表达的意义是丰富多彩的，它以语言形式上的最小值换来了最大意义上的交流，显示了精彩的艺术美。它可以是无言的赞许，也可以是无声的抗议；它可以是欣然的默认，也可以是保留己见；它可以是威严的震撼，也可以是心虚的无言；它可以是毫无主见，附和众议的表示，也可以是决心已定，无须多言的标志。

在一定的语境中，沉默是相对明确的，就像乐曲中的休止符一样，它不仅是声音上的空白，更是内容的延伸与升华。沉默确实是沟通中很厉害的武器，但是必须有效使用。否则，无论是在平时的日常生活还是商务沟通中，很容易使另外一个沟通者无法判定行为者的真实意图而产生惧怕心理，从而不能达到有效的沟通。

3. 时间

时间作为非语言的表现形式，主要是因为我们可以根据沟通者对待时间的态度来判定沟通者的性格、观念和做事的方式，从而达到有效的沟通，准确地了解沟通者，做出符合自己利益的决策。

(1)不同民族、社会、文化对时间感受不同。我们往往容易做出人人都以同样的方式感受不同时间的假定。

(2)即使在某种文化之内,不同社会团体也会将时间分为不同时段。工商界关注从周一到周五的工作日,而零售店的经营者则更多关心周末的工作日,而像宾馆、酒店等从事第三产业的经营者则会把黄金销售期定在黄金周和双休日上。

(3)人们对时间有不同估价。根据个人地位和所处环境的不同,人们对时间有不同的估价。例如一个大公司的总经理和退休老夫妻对于时间的态度会有很大区别。

对人际沟通产生明显的影响也包括时间的使用方式。如果你在上午10点安排一个约会,却在上午10点半露面,那么你可能在传递着某些信息:比如你对约会的态度、对约会对象的态度或自己对时间的态度。

(4)人们在时间的使用上秉承着不同文化。有些人没有时间观念,而有些国家和人确秉承“时间就是金钱”的观念。同不同文化背景的人进行沟通要了解尊重对方的时间文化。

4. 着装打扮

在现代生活中,人们的着装打扮已远远超越了最基本的遮羞避寒的功能,其更重要的功能是向别人传递属于个人风格的信息。服装、饰物及化妆都作为沟通手段发挥着重要作用。

5. 环境布置

环境布置不仅影响人的工作效率和效果,而且也反映出许多信息。在管理过程中,环境布置的重点主要集中在办公室设计、房间颜色搭配及办公室陈设等方面。

6. 态势语言

人们说话时,态势语言又称为“行为语言”“人体语言”“动作语言”,是一种伴随着自然有声语言而实现交际功能的辅助性无声语言。当然,要完成交际任务,应以自然有声语言为主,态势语言只起强调、修饰、渲染的作用,但在某种特殊情况下,态势语言不但可以单独使用,甚至还可表达出有声语言难以表达的思想感情,直接替代自然有声语言。成功的语言交际者就在于能将有声语言和态势语言配合得非常默契,将它们有机地协调起来。反之,如果在日常交际中,忽略了态势语言的选择和运用,则不仅会直接影响有声语言的表达效果,而且还会给别人留下不良印象,有损自身和所代表组织的形象。

四、日常沟通

(一)交谈

交谈是交流思想和表达感情最直接、快捷的途径。在人际交往中,因为不注意交谈的语言艺术,或用错了一个词,或多说了一句话,或不注意词语的色彩,或选错话题等而导致交往失败或影响人际关系的事时有发生。因此,在交谈中必须遵从一定的规范,才能达到双方信息交流,沟通思想的目的。语言作为人类的主要交际工具,是沟通不同个体心灵的桥梁。交谈的语言艺术包括以下几个方面。

1. 准确流畅

在交谈时如果词不达意、前言不搭后语,很容易被人误解,达不到交际的目的。因此在表达思想感情时,应做到口音标准、吐字清晰,说出的语句应符合规范,避免使用似是而非的语言。应去掉过多的口头语,以免语句割断;语句停顿要准确,思路要清晰,谈话要缓急有度，从而使交流活动畅通无阻。

2. 委婉表达

交谈是一种复杂的心理交往，人的微妙心理活动、自尊心往往在里面起重要的控制作用。触及人的自尊心，就有可能产生不愉快。因此，对一些只可意会不可言传的事情，人们回避忌讳的事情，可能引起对方不愉快的事情，一般不能直接陈述，只能用委婉、含蓄、动听的话去表达。常见的委婉说话方式有：避免使用主观武断的词语，如“只有”“一定”“就要”等不带余地的词语，要尽量采用与人商量的口气。先肯定后否定，学会使用“是的，但是”句式。把批评的话语放在表扬之后，间接地提醒他人的错误或拒绝他人。

3. 掌握分寸

谈话要有放有抑有收，不过头，不嘲弄，把握“度”。谈话时不要唱“独角戏”，夸夸其谈，忘乎所以，不让别人有说话的机会。要察言观色，注意对方情绪，对方不爱听的话少讲，一时接受不了的话不急于讲。开玩笑要看对象，了解其性格、心情、场合，一般来讲，不随便开女性、长辈、领导的玩笑，一般不与性格内向、多疑敏感的人开玩笑。当对方情绪低落、心情不快时不开玩笑，在严肃的场合、用餐时不开玩笑。

4. 幽默风趣

在交谈过程中常常会出现不和谐的地方而产生争论或分歧。这就需要交谈者随机应变，凭借机智抛开或消除障碍。幽默还有化解尴尬局面或增强语言的感染力。它建立在说话者高尚情趣、较深的涵养、丰富的想象、乐观的心境、对自我智慧和能力自信的基础上，它不是要小聪明，它能使语言表达既诙谐又入情入理，体现一定的修养和素质。

(1)祝贺语。在交际过程中，如果你想与交际对象建立并保持友好的关系，那么你应该时刻关注着交际对象，并与他们保持联系。比如，当你的交际对象过生日、加薪、晋升或结婚、生子、寿诞，或是你的客户开业庆典、周年纪念、有新产品问世或获得大奖等，你可以以各种方式表示祝贺，共同分享快乐。

(2)道别语。交际双方交谈过后，在分手时，人们常常使用道别语，如“再见”“明天见”“慢走”“再来”等。

(3)请托语。在日常用语中，人们出于礼貌，常常用请托语，以示对交际对象的尊重。最常用的是“请”“拜托”“劳驾”等。

5. 有效选择话题

话题，是指人们在交谈中所涉及的题目范围和谈资内容，是一些由相对集中的同类知识、信息构成的谈话资料及其相应的语体方式、表述语汇和语气风格的总和。在人际交往中，学会选择话题，就能使谈话有个良好的开端。

(1)宜选的话题。在交际中，首先，应选既定的话题，即交谈双方业已约定，或者一方先期准备好的话题，如征求意见、传递信息、研究工作等。其次，选择内容文明、格调高雅的话题，如文学、艺术、哲学、历史、地理、建筑等，这类话题适合各类交谈，但忌不懂装懂。再次，选择轻松的话题。这类话题令人轻松愉快、身心放松，适用于非正式交谈，允许各抒己见、任意发挥，主要包括文艺演出、流行、时装、美容美发、体育比赛、电影电视、休闲娱乐、旅游观光、名胜古迹、风土人情，名人轶事、烹饪小吃、天气状况，等等。其四，选择时尚的话题，即以此时此刻正在流行的事物作为谈论的中心。这类话题变化较快，应注意把握。最后，选择话题时还要注意选择他人擅长的话题，尤其是交谈对象有研究、有兴趣的话题。比如，青年人对于足球、流行歌曲、电影电视的话题较多关注，而老年人对于健身运动、饮食文化之类的话题较为熟悉，公职人员关注的多是时事政治、国家大事，而普通市民则更关注家庭生活、个人收入等。男人多关心事业、个人的专业，而妇女则对家庭、物价、孩子、化妆品等话题更容易津津乐道。

（2）扩大话题储备。由于人们的经历、职业、兴趣、学习状况不同，每个人所掌握的话题状况各不相同，都有一定的局限性，因此必须尽量扩大话题储备。爱读书看报，多关注社会现实生活。有较多的朋友，把看到、听到的东西，有意识地加以记忆和积累，就会变得学识渊博，时事政策、天文地理、政治外交、文艺体育、花鸟虫鱼、音乐美术几乎无所不知，由于视野开阔，谈资和知识面自然会比别人宽得多。

6. 注意交谈禁忌

人与人之间的交谈是一种双向性的沟通。交谈的内容，交谈的姿态、表情以及许许多多并不为人所察觉到的交谈因素，都有阻碍交谈的可能。因此要禁忌居高临下、自我炫耀、心不在焉、节外生枝、搔首弄姿、打断对方、质疑对方、纠正对方、补充对方等行为。

（二）赞美

在社会交往中，绝大多数人都期望别人欣赏、赞美自己，希望自身的价值得到社会的肯定。恰当地运用赞美的方式，会激发人们的积极性，产生巨大的精神力量。

1. 赞美的类型

（1）以赞美的场合分类。从赞美的场合上可以把赞美分为当众赞美和个别赞美。当众赞美是指面对特定的组织、团体、群体等时，对某人或某事的赞美。如表彰会、庆功会、总结大会等。这种形式能充分调动全体人员的积极性，鼓动性强、宣传面广、影响面大，能产生一定的轰动效应，营造热烈、向上的气氛。个别赞美是指在会下针对个别人谈话予以表扬的形式。这种形式使用方便，自如灵活，针对性强。这种形式的思想工作比较细致，能解决一些具体问题，效果比较好，且时间、地点不受限制。

（2）以赞美的方式分类。从赞美的方式上可以把赞美分为直接赞美和间接赞美。直接赞美是指直接面对好人或好事予以赞美，使世人皆知，这是一种常用的表扬方式。间接赞美是指通过第三者来赞美某人或某事。使用这种形式，应注意分寸，讲究策略，往往是当面不便直接开口，或者是找不到合适的时机去说，而借用对方传达自己赞美他人的话语。这样使他人听到后，感到心情舒畅。这种通过对方传达佳话的形式，能消除隔阂、增强凝聚力，融洽气氛，创造和维系良好的上下级关系和同志关系。

（3）以赞美的用语分类。从赞美的用语上可以把赞美分为直接赞美和反语赞美。直接赞美是指对好人好事用正面言语加以赞美。这种赞美开门见山，直截了当，使用灵活，形式多样，应用范围广泛。反语赞美是指用反语来赞美某人或某事。这种形式在特定的言语环境和背景下使用，幽默含蓄，别致风趣，比一般的赞美有更好的表达效果。

2. 赞美的语言艺术

能引起好感的赞美要借助以下条件：

（1）热情真诚的赞美。每个人都珍视真心诚意，它是人际交往中最重要的尺度。能引起好感的赞美首先必须是发自内心，热情洋溢的，否则，那就是恭维。　）

(2)令人愉悦的赞美。赞美的言语应该是对方喜欢听的言语,能达到使人愉悦的目的,我们称它为愉悦性原则。在交际活动中,遵守愉悦性原则,就是要多说对方喜欢听的话语,不说对方讨厌的言辞。这样,往往能收到较好的表达效果。

(3)具体明确的赞美。空泛、含糊的赞美因没有明确的评价原因,常使人觉得不可接受,并怀疑说话人的辨别力和鉴赏力,甚至怀疑到说话人的动机、意图,所以具体明确的赞美才能引起人们的好感。对他人总以"你工作得很好""你是一个出色的领导"来赞美,只能引起人家反感。

(4)符合实际的赞美。在赞美别人时,应尽量符合实际,虽然有时可以略微夸张一些,但是应注意不可太过分。例如某个人在某领域或某个方面提出了一些很好的意见,或者有了一些成果。你可以说:"你在这方面可真有研究。"甚至可以说:"你是这方面的专家。"可如果你说:"你真不愧是个著名的专家","你真是这方面的泰斗"等,对方如果是个正派人就会感到不舒服,而旁观者就会觉得你是在阿谀奉承,另有企图。

(5)让听者无意的赞美。这种赞美会被人认为是出自内心,不带私人动机的。例如《红楼梦》中一次贾宝玉针对薛宝钗劝他要做官为宦、仕途经济的话,对史湘云和袭人赞美黛玉道:"林姑娘从未说过这些混账话吗!要是他说这些混账话,我早和他生分了。"凑巧这时黛玉正好来到窗外,无意中听见这些话,使她"不觉又惊又喜,又悲又叹"。结果宝黛二人推心置腹,感情大增。

(6)不断增加的赞美。阿伦森研究表明,人们喜欢那些对自己的赞美不断增加的人,并且相较于自始至终都赞美自己的人,人们尤为喜欢最初贬低后逐渐发展到赞美的人。因为相对来说,前者容易使人产生他可能是个对谁都说好的"和事佬"感觉。但人们对开始持否定态度的后者会留下这样一种印象:说我不好,一定是经过考虑、分析的,可能有他一定的道理。从而认为对方可能更有判断力,进而更喜欢他。

(7)出人意料的赞美。若赞美的内容出乎对方意料,易引起他人的好感。卡耐基在《人性的优点》中讲过他曾经历的一件事:一天,他去邮局寄挂号信,从事着年复一年的单调工作的邮局办事员显得很不耐烦,服务质量很差。当他给卡耐基的信件称重时,卡耐基对他称赞道:"真希望我也有你这样的头发。"听闻此言,办事员惊讶地看着卡耐基,接着脸上泛出微笑,热情周到地为卡耐基服务。显然这是因为他接受了出乎意料赞美的缘故。

3. 说服

(1)说服的基本条件。

说服就是改变或者强化态度、信念或行为的过程。说服是以求得对方的理解和行为为目的的谈话活动,是使自己的想法变成他人的行动的过程。说服的过程是思想、观点的交锋,也是沟通的重要方面。说服是以人为对象,进而达到共同的认识。尤其是在商务领域,在商务事务中聚集着各种性格的人,为了达到共同的目标,大家必须同心协力。只有善于说服的人才能够获得更多的合作机会。要想取得良好的说服效果,必须首先具备以下条件:

①说服者具有较高的信誉。说服进行的基础是取得对方的信任。而信任,来自说服者的信誉。信誉包括两大因素:可信度与吸引力。要提高说服者信誉,首先要提高说服者自身各方面的素质,说明者具有高尚的道德修养,具备权威性和可靠性,说服才有分量、有威信,才能赢得听者的尊重和信赖。此外,说服者还需重视外在的形象整饰,一个外貌、气质、穿

着、打扮能给人好感的人,才具有吸引力。一个言谈、举止、口音等方面能与对方体现出共性的人,才具有吸引力。一个好的印象,会产生首因效应,帮助说服者成功说服他人。

②对说服对象有相当的了解。在说服他人之前,必须了解说服对象,捕捉对方思想、态度方面流露出的点滴信息,摸清对方思想问题症结所在,了解对方的心理需求,根据不同情况区别对待,因人而异,有针对性地开启对方的心扉,才能真正实现感情和心灵的共鸣,避免或减少盲目说服造成的错位反应。要了解对方的性格、对方的优点或爱好、对方的看法和态度,进而有针对性地进行说服。

③能够把握住说服的最佳时机。说服还要能够抓住最佳时机。同样一番道理,彼时说可能不如此时说,现在说不如以后说。时机把握得好,对方才会愿意听,才会用心听,才能听得进。否则,说服过早,会被对方认为神经过敏或无中生有;说服过迟,已时过境迁,对方认为你是"事后诸葛亮",不能收到预期的效果。掌握时机,要将说服对象与时、境、理联系考虑、运用。可利用特定场合,造成境、理相衬,进行深入说服;可利用境中道情,情中说理,进行委婉说服;还可借助眼前事物,进行暗示说服等等。

④必须营造良好的说服氛围。说服,总是在一定的语言环境中进行的。一个宽松、温和、优雅的环境较之肃穆、压抑、逼人的环境,其说服的效果自然会好得多;在一个自己熟悉的地点环境中施行说服,较之于陌生的环境,会有利得多。营造一个恰当的说服氛围,是必须的。

(2)说服的语言艺术。

①换位思考,晓以利害。要站在对方的立场考虑问题,理解并同情对方的思想感情,从对方的角度说明问题,体验你的思想感情,进而使他改变自己的看法,达到理想的说服效果。

②稳定情绪,再行说服。有些人受到种种因素的刺激,往往容易感情用事,不经过慎重周全的考虑就莽撞地采取行动。鉴于这种情况,我们应该先设法让对方的情绪稳定下来,然后提出比贸然行事更合理、更有利的举措,这样就能使对方冷静地斟酌、衡量,抛弃原来的草率决定。

③位置互换,改变角色。让对方改变位置,变化角色进行说服是一种十分有效的方法。

④讲究方式,引起关注。在说服时,要选择能够引起对方关注和兴趣的方式表达意见,要运用富有吸引力的内容支撑你的观点,引导说服对象关注设定的话题,让对方充分了解说服的内容。

⑤以情动人,以理服人。在表达某种意见时,用诚挚而令人感动的语气说出来,更容易征服别人。说服别人,有时激起对方的情感比激起对方的理性思考更为有效。

4.拒绝

拒绝,是对他人意愿、行为的一种直接或间接的否定。实际上拒绝就是不接受,包括不接受对方希望你接受的观点(意见)、礼物和要(请)求等。工作和生活中人们总是互有所求,而且要求方往往是被要求方的亲朋好友,甚至是恩人、领导。但是,有许多要求是不能接受,必须拒绝的。

(1)拒绝的基本要求。

①认真听。认真倾听对方的请求,并简短地复述对方的要求,以表示确实了解了对方的需求。拒绝的话不要脱口而出,而要让对方了解到我们的拒绝不是草率做出的,而是在认真

考虑之后才不得已而为之的。尤其要避免在对方刚开口时就断然拒绝的行为，不容分辩地拒绝最易引起对方的反感。

②看情势。拒绝同其他交际手段一样，要审时度势，要看是否有拒绝的必要和可能。从可能的角度看，要考虑自己拒绝的能力，如无理拒绝，或拒绝后会带来更严重的后果，则只好接受。

③下决心。如情势需要拒绝又可能拒绝，就应当下定拒绝的决心，着力克服磨不开情面、怕对方怪罪、怕旁人议论三大心理障碍，这些考虑都是不必要的和有害的。

④态度好。无论是听对方陈述要求和理由，还是拒绝对方并说明缘由，都要始终保持和蔼亲切的态度，让对方了解自己的拒绝实在是认真考虑后不得已而为之。

⑤措辞柔。感谢对方在需要帮助时想到你，并略表歉意。对于他人的请求，表现出无能为力，或迫于情势而不得不拒绝时，一定要记得加上"真对不起""实在抱歉""请多包涵"等致歉语，舒缓对方的挫折感和对立情绪。

⑥直言"不"。对于明显不能办到的事，应该明白直接地说出"不"字。说得多不如说得少。当断不断，其结果只能是害人又害己。

⑦理由明。不要只用一个"不"就让对方"打道回府"，而应给"不"加上合情合理的注解，让对方明白，自己的拒绝不是毫无来由，更不是找借口搪塞，而是确有无可奈何的原因或难以诉说的苦衷。讲明自己的处境，最好具体说出理由及原委。那么，在将心比心中，对方自然就能体谅你的言行了。

⑧择他途。在拒绝对方这一方面要求的同时，如果能够尽量满足其他方面的合理要求来作为补偿，或是积极地替他出谋划策，建议他选择或寻求更好的途径和办法。这样可减缓对方因我们的拒绝而产生的瞬时不快情绪，缓解对方的被动局面，也可以表明我们的诚意，得到他人的谅解、友谊与好感。

(2)拒绝的语言艺术。

①直接拒绝。直接拒绝就是将拒绝之意当场讲明。采取此法时，重要的是需要避免态度生硬，并要把拒绝的原因讲明白，有时还可以向对方致歉。例如，"对不起"，"这样做对我不合适"，"对不起，这次我真的无法帮忙"。

②婉言拒绝。婉言拒绝就是运用委婉的语言，暗示对方无法完成请求。比如，有一位朋友不请自到，而此时你正忙于工作无法接待，可以在见面之初，一面真诚地对其表示欢迎，一面婉言相告："我本来要去参加公司的例会，可您这位稀客驾到，我岂敢怠慢。所以专门告假5分钟，特来跟您叙一叙。"这句话的"话外音"就是暗示对方"只能谈5分钟时间"。

③诱导拒绝。诱导拒绝就是采用诱引方法，让对方自己感悟到，或者直接诉说出拒绝的理由。

④幽默拒绝。幽默拒绝就是用幽默的语言表达拒绝的意思。比如，有朋友请我们帮忙，可以说："啊，对不起，今天我还有事，只好当逃兵了。"

⑤回避拒绝。回避拒绝就是答非所问，就是表面上看在回答问题，但实际上说的都是空话，没有任何实质信息，当遇上他人过分的要求或难答的问题时，使用这种方法。比如有人问你，在×××问题上，你支持老王还是老李？你回答："谁正确我就支持谁。"

⑥模糊拒绝。通过与对方请求相关的话题表明自己的态度。钱钟书先生是我国著名作

家，有一位英国女士特别仰慕钱钟书。当这位女士来到中国，就给钱钟书先生打电话，说想拜见他。钱钟书先生在电话中说："假如你吃了一个鸡蛋觉得不错，又何必要亲自去看那只下蛋的母鸡呢？"钱钟书用生动的比喻做了模糊的回答，委婉地拒绝了英国女士见面的要求。

⑦附加条件拒绝。附加条件拒绝就是先顺承对方的意思，然后附加一个事实上不可能的或主观无法达到的条件。

⑧沉默拒绝。沉默拒绝就是在面对难以回答的问题时，暂时中止"发言"，一言不发，或者运用摆手、摇头、耸肩、皱眉、转身等身体语言来表示自己拒绝的态度。

礼貌拒绝对方的方法还有很多，如让步拒绝法、预言拒绝法、提问拒绝法等，其实无论选择什么拒绝方法，关键要表明态度，同时要做到不伤害对方感情，保护自身形象就可以了。

5. 提问

在社交活动中，提问往往是交谈的起点，是把话题引向深入的方式之一。因此，会不会问，该怎么问，问什么，都直接影响着交际的效果。

（1）提问的作用。

①有利于把握回答者的需求。通过恰当的提问，提问者可以从回答者那里了解更充分的信息，对回答者的实际需求进行更准确的把握。

②有利于保持沟通过程中双方的良好关系。当提问者针对回答者的需求进行提问时，回答者会感到自己是对方注意的中心，他（她）会在感到受关注、被尊重的同时，更积极地参与到谈话中来。

③有利于掌控沟通进程。主动发出提问可以使提问者更好地控制对话沟通的进度，以及今后与回答者进行沟通的总体方向。

（2）提问的原则。

①提问对象的辨识。提问应因人而异，即从对方的年龄、身份、职业、性格以及不同的民族文化背景出发，选择不同的提问方式和技巧。

②提问场合的敏感性。提问要注意场合，比如厕所里一般不适合高谈阔论。办公室里，当对方很忙或正在处理一些急事时，不宜提琐碎无聊的问题。当对方伤心或失意时，不宜提太复杂、太生硬或者是可能引起对方不愉快的问题。

③提问目的的鲜明性。鲜明的目的，能够让提问变得有效。然而，鲜明并不等于完全的直接，在某些情况下，通过旁敲侧击或者"曲线救国"反倒会比直接询问更有效果。此外，还应注意在旁敲侧击、"曲线救国"的时候，一定要紧扣提问的目的，不能迷失于连环的询问中，而失去根本。

④提问方式的多样性。在提问过程中，不要拘泥于一种提问方式，单一的提问与回答的形式会使沟通变得不自然、不活跃，会影响到回答者的思考模式。提问的方式要多样，要根据不同的沟通内容、不同的沟通目的、不同的环境，使用不同的提问方式。

⑤提问语言的简明性。提问的语言不宜过长，要通俗、干净、利索，不要拖泥带水、含糊其词，但应具有启发性和诱导性。提问中的语言必须能为对方所理解。

⑥提问难度的量力性。提出问题的难度必须考虑到沟通对象的年龄特征、知识水平和接受能力。一般来说，低难度的问题是针对较为具体的特殊的事例，中难度的问题则可以是一些抽象的带有一般规律性的问题，高难度的问题则是以开放式为特征，考量回答者的综合

素质。

⑦提问留余地的艺术。提问一定要留有余地,以免伤害别人。一是忌提明知对方不能或不愿作答的问;二是用对方较适应的方式提问,切不可故作高深,卖弄学识;三是不要随意搅扰对方的思路;四是尽量避免你的发问或问题引起对方"对抗性选择",即要么避而不答,要么拂袖而去。

(3)提问的方式技巧。

①直接提问法。提问者从正面直接提问,开诚布公、干脆利落、直截了当地讲明询问目的,开门见山地提出问题。

在运用直接提问法时要注意情感的铺垫,使对方心理上会舒缓一些,也能与提问者合作,同时防止提问过于直白的问题,以免显得过分生硬,容易造成询问对象的心理排拒,难以获得有价值的信息和材料,而且还会给人一种笨嘴拙舌的感觉。

②限定提问法。在一般沟通过程中,提问者向回答者提问时,应尽量设法不让对方说出"不"字来。提问者在问题中给出两个或多个可供选择的答案,此时可采用限定提问法,即两个或多个的答案都是肯定的。例如与别人订约会,有经验的提问者从来不会问对方"我可以在今天下午来见您吗?"因为这是只能在"是"或"不"中选择答案的问题。如果将提问方式改为限定型,即改问:"您看我是今天下午 2 点钟来见您还是 3 点钟来?""3 点钟来比较好"。当他说这句话时,提问的目的就已经达到了。

③迂回提问法。迂回提问法是指从侧面入手,采用聊天攀谈的形式,然后逐步将问答引上正题。这种提问方式一般时间性不太强,谈话也不受特定场合与报道方式的限制。当沟通对象感到紧张拘束,或者思想有所顾虑不大愿意交谈,或者虽然愿意交谈,却又不知该怎么谈的情况下,提问者可以采取侧面迂回的提问方式,逐渐将谈话引上正题。应当明确的是,旁敲侧击只是一种手段而不是目的。因此,聊天的内容应当是有目的、有选择的,表面上似乎和采访无关,实质上应该是有关联的。

④诱导提问法。当遇到询问对象了解许多信息,却因谦虚不大愿意说,或者由于性格内向不会说,或者要谈的事情需要一番回忆,或者对方想说又不便自己主动说明情况时,采用启发诱导的方式,可以引导对方的思路,又可以诱发对方的情感,进一步引导对方明确沟通的范围和内容,渐渐打开对方的"话匣子",也可以激活对方的思路,引起对方的联想,有针对性地把沟通对象掌握的信息引导出来。

⑤追踪提问法。提问者把握事物的矛盾法则,抓住重点,循着某种思路、某种逻辑,进行连珠炮式的提问。这种提问既要按照事物的内在联系,把基本情况和事实真相了解清楚,又要抓住重点,深入挖掘,达到应有的深度。一般来说,提问者对于触及事物本质的关键性材料,以及对方谈话中的疑点,或者从对方谈话中发现的有价值的新情况、新线索,往往会抓住不放,打破砂锅问到底,直至水落石出。但是追问,既要问得对方开动脑筋,又要让对方越谈越有兴趣,态度、语气都要与谈话的气氛协调一致,不要把追问搞成逼问,更不要变成变相"审问"。

⑥假设提问法。假设提问法是指提问者通过假设的方式提出一些假设性的问题,是一种"试探而进"的提问方法。这种提问方法采用"如果""假如"一类的设问方式,不但可以了解采访对象的观点、看法和见解,而且还能深入了解对方的内心世界。

假设提问法往往用来启发沟通对象的思路，引导对方谈出对某个问题、某种事情的真实想法，或者设身处地地为对方着想，积极帮助对方回忆某种情境，或者用来调节对方的情绪，促使对方谈出一些不大想说、不大好说的事情或想法，或者由提问者对人物或事物进行合乎规律的推断、预测，促使对方产生联想和想象，或者提问者已经有了一定的认识，再提出一些假设性问题，同沟通对象开展讨论，促使自己认识的深化。

⑦激将提问法。激将提问法是指以比较尖锐的问题，适当地刺激对方一下，促使对方的心态由“要我说”变为“我要说”，从而不能不说，甚至欲罢不能。运用激将提问法时，提问者要考虑自己的身份是否得当，刺激的强度是否适中，还要考虑谈话的气氛怎样。有些时候尖锐、刁钻、奇特，甚至古怪的提问，是“兵行险招”，成则大成，败则大败。

⑧错问提问法。错问提问法是指“以误求正法”，即指提问者故意提出错误的问题，以考察、试探、激发采访对象，以便了解真实的材料，探求事实真相。需要注意的是，运用错问提问法，可能会造成采访对象的某些误解。因此，在沟通结束时，提问者应当说明原因，消除误解，以免留下后遗症。

⑨插入提问法。插入提问法就是在沟通过程中，做必要而适当的插入。在沟通过程中，插入提问法可以使沟通双方有效地抓住有价值的材料。

⑩协商提问法。协商提问法以征求对方意见的形式提问，诱导对方进行合作性的回答。在协商型提问的时候，一般已经是针对某个既定的事实进行确认，但是不使用强硬的语气，对于回答者会比较容易接受。在协商型提问中，即使有不同意见，也能使沟通双方保持融洽关系，双方仍可进一步洽谈下去。

⑪转借提问法。转借提问法是指提问者假借他人之口提出自己想提的问题。这种提问，不但可以借助第三者提出一些不宜于面对面提出的问题，而且可以显示出问题的客观性，增强提问的力度。

6. 回答

(1)回答的作用。

①有效回答问题能够使提问者的疑问得到解答。通过成功解答问题，可以增强回答者讲话的说服力，使对方不但获得信息，而且心悦诚服。

②有效回答问题能够使回答者获得进一步的展示。回答者在回答问题时，更使自己继续立于讲话者的角度，他(她)拥有提问者所不具备的优势，通过回答的系统性与连贯性，使回答者自身的能力与学识获得进一步的展示，获得沟通对象的认可。

③有利于减少与沟通者之间的误会。回答者应该根据实际情况进一步了解，弄清提问者的真正意图，然后根据具体情况采取合适的方式进行解答，以减少沟通中的误会。

(2)回答的原则。

①始终保持回答者的信用。在回答每个问题时都要保持严肃认真、谦虚礼貌的态度，正确的态度会带来鲜明的回答内容与性格，从而使回答者保持自信。

②用回答来满足听众。回答者在面临很多个问题的时候，要学会用一种可以平衡所有对象的方式来解决问题，眼神不要停留在一处太长时间，要保持对整个会场的关注。对问题太多的人可以说，“你问了一个非常有深度的问题。可是因为我们有许多听众都有需要解答的问题，我回答问题的时间又非常有限，所以可不可以把机会让给别人？”这样既不失礼貌，

又能使正常的进程得以继续。

③力求获得其他听众的支持。尊重提问者，让提问者获得持续的尊重，而给予回答者一定的时间和耐心。如果一次被问到过多的问题，比如："我怎样才能解决人员不足、空间不足、老板也没有给予我足够的信任的问题？"则回答者可以这样回答："你问了3个非常好的问题，可是因为还有其他的听众要提问，就让我先回答一个吧，如果我们还有时间的话再来解决剩下的问题好吗？"以这种方式，即使你只回答了其中部分问题，仍然能够使听众满意，并且听众将会对回答者产生敬意，因为没有让一个人独占了大家有限的时间。如果回答者被问到一个偏离主题的问题，那么回答者可以停顿一下，然后问，"在座的其他人还有类似的问题吗？"如果没有，就简要地回答一下这个问题，并且告诉提问者自己很愿意在讲话结束后留下来同他进一步探讨这个话题。

(3)回答的三种方式。

回答的方式技巧很多，下面介绍以下几种方式。

①针对性回答。有时问题的字面意思和问话人的本意不是一回事，我们回答时，不仅要注意问话的表面意义是什么，更要认清提问人的动机、态度、前提是什么，使回答具有针对性。

②艺术性回答。这里所说的艺术性包括避答、错答、断答、诡答。

避答，这种方式用于对付那些冒昧的提问者所提的问题。有时，某些问题自己不宜回答，但对方已经把问题提到面前了，保持沉默显然被动，就可以避而不答。

错答，是一种机警的口语表达技巧，既可用于严肃的口语交际场合，也可以用于风趣的日常口语交际场合。它的主要特点是不正面回答问话，也不反唇相讥，而是用话岔开问话人所问的问题，做出与问话意见错位的回答。

断答，就是截断对方的问话，在他还没有说出，或者还没有说完某个意思时，即做出错答的口语交际技巧。为什么不等对方问清楚，就要抢先回答？有以下两种原因：一是等对方把问话全说出，就会泄露出某种秘密，难以收拾；二是待听全问话再回答，就会比较被动，不好应付。断答可以转移其他听众的注意力，也可以使问者领悟，改换话题，免于因说破造成尴尬局面和其他不良后果。

诡答，是与诡辩连在一起的回答，即一种很奇怪的回答。在特殊的情况下，不能、不宜或不必照直回答时急中生智，用诡答技巧，做出反常的回答，既增添了谈话的情趣，又应付了难题。

③智慧性回答。智慧性回答包括否定预设回答和认清语意诱导回答两种。

否定预设回答。预设是语句中隐含着使语句可理解、有意义的先决条件。在正常情况下，这种先决条件的存在是不言而喻的，如"鲁迅先生是哪一年去世的？"这个问话包含有预设：鲁迅先生已经去世。

语意诱导回答则是因为人们理解语言会受到已有经验的影响，自然而然地产生某种语意联想。例如由"春天"会想到桃红柳绿，万紫千红；从"冬天"又会想到寒风凛冽，白雪皑皑；见"晚霞"能想到色彩的绚丽等。既然普遍存在着语意联想，那么就可以利用语义联想来设置陷阱，诱导目标进入思维定式的困境。语言诱导这种陷阱在智力测试提问中可以说随处可见，知道这种陷阱的特征，有些问题就很容易解答了。

五、职场沟通

（一）求职沟通

1.求职的准备

（1）收集就业信息。就业信息是指通过各种媒介传递的有关就业方面的消息和情况，如就业政策、供需双方的情况及用人信息等，它是求职者择业所必须收集和掌握的材料。

收集就业信息的途径主要有以下几种：一是通过学校就业指导办公室和各就业工作服务站收集。学校收集的信息都会及时传至各系（处），或发布在学校网页的就业信息栏中。二是通过各级政府主管部门和就业指导机构收集。这些主管部门主要是教育部和省教育厅、人力资源与社会保障厅及各市的教育局、人力资源与社会保障局。这些部门和就业机构的主要职责，就是制定辖区内的毕业生就业政策，提供高校毕业生和用人单位的信息，为毕业生就业提供咨询与服务。来自这方面的信息也是真实可信的。三是通过学校老师和亲朋好友收集。老师在多年的社会实践、教学实习、科研协作中，与一些专业对口的单位联系密切，通过他们了解就业信息，推荐求职，对择业成功有很大帮助。家长、亲朋好友，在多年的社会交往中，也会带来大量的就业信息。四是通过各类“双向选择”招聘活动收集。各人才服务机构、省市就业服务部门、学校每年都会举办各种人才招聘会，为毕业生收集就业信息提供了更广泛的途径。五是通过有关新闻媒体和网络收集。新闻媒体特别是网络可为毕业生提供更丰富的就业信息。应届毕业生也可通过网站发布个人简历和求职要求。

求职者收集到求职信息后，还要善于分析求职信息，这样才能增大求职成功的机会。否则，事到临头，只凭自己的想象和猜测或是被动地服从他人之命，依据社会上的流行看法盲目选择，只会使求职者陷入困境。就一则具体的招聘信息来讲，求职者在阅读时一定要从岗位的职责、岗位的硬件要求、招聘单位的具体情况（规模、待遇、前景、地址，联系方式等）、岗位的供需情况、单位的企业文化与人际关系、岗位的细分情况等角度加以分析。只有善于分析招聘信息，才有可能取得应聘的成功。

（2）明确求职途径。一般的求职途径有如下9种。

①招聘会。一般应到由政府人力资源与社会保障部门所属的人才交流机构开办的人才市场或招聘会求职。这类部门运作规范、服务周到、信誉高、手续齐全，出现问题可得到合理保护。

②网上求职。网络突破时空的限制，通过网络求职经济、方便、快捷，避免了人群集中近距离接触。同时，网络所承载的信息量大，不仅可以使求职者了解职位信息，还可供用人单位通过网上人才信息库存储的个人基本资料，查询求职者的信息。

③实习。目前很多知名企业通过招募实习生的方式来培养和招聘自己的员工。

④报刊招聘广告。这是人们获得就业信息的传统手段，其信息较之网络有更强的真实性，但其中也有不实虚假招聘信息。

⑤人才服务机构、职业介绍所等。通过人才中介来获取职位，今后将成为求职方式的主流。随着法律的完善，监管到位，通过人力资源中介来获得职位，是个不错的选择。人才服务机构的优势在于信息来源多样、服务专业化等。

⑥电话求职。了解招聘信息后，可以电话咨询感兴趣的信息，电话求职时要讲究电话礼仪。

⑦直接上门联系公司负责人或人力资源部经理。这是毛遂自荐的方式。如果看好某企业，可主动上门求职，展示自身的工作实力，让用人单位了解并能够录用自己。

⑧各院校的就业指导办公室。大学生们可以到所在院校的就业指导办公室。那里一般会有许多用人单位的需求信息，也可以得到有关就业政策和择业技巧的指导。

⑨社会关系。通过亲朋好友(包括老师、同学等)获取招聘信息或者由其推荐，也是一种符合中国国情的求职方式。

(3)撰写面试材料。在双向选择过程中，大部分用人单位安排求职者面试的主要依据是反映毕业生情况的书面材料，通过这些书面材料来判断和评价毕业生的学习成绩、工作潜力。毕业生要成功地向用人单位推销自己，拟定具有说服力和吸引力的求职面试材料是成功的第一步。

面试材料包括毕业生就业推荐表、简历、自荐信、成绩单及各式证书(获奖证书，英语、计算机等各类技能等级证书)、已发表的文章、论文、取得的成果等。

(4)熟悉面试方法。求职面试的基本方法主要有电话自荐、考试录用、网上应聘等。在各种方法之中也有很多应试技巧。掌握一些方法和技巧，将有助于你求职面试取得成功。

①电话自荐。通过电话推荐自己，是常用的一种求职方式，如何充分地利用电话接通后的短暂时间，用最简洁明了的语言清楚地表达自己，能否给对方留下一个深刻清晰的印象，是求职者十分关心的问题。

②考试录用。笔试是常用的考核方法，笔试一般应用于某一专业技术要求很强，对录用人员素质要求很高的单位，如一些涉外公司或技术要求高的专业公司等。

参加笔试前，应了解笔试的大体内容。一般而言，用人单位的笔试包括以下几个方面的内容：一是对于知识面的考核，包括基础知识和专业知识；二是智力测试，主要测试受聘者的记忆力、分析观察力、综合归纳能力、思维反应能力；三是技能检测，主要是对其处理实际问题的速度与质量的测试，检验其对知识和智力运用的程序和能力。参加笔试要按要求准时到场，不能迟到。卷面要整洁，字迹工整，给阅卷老师留下良好的印象。考试过程中，绝对不能作弊或搞小动作，这是用人单位尤其看重的一点。

③网上应聘。网上求职首先要准备一份既简明又能吸引用人单位的求职信和简历，求职信的内容包括：求职目标——明确你所向往的职位；个人特点的小结——吸引人来阅读你的简历；表决心——简单有力地显示信心。

2.应聘面试中的沟通

(1)坚持原则。以下应聘面试沟通的原则，需要应聘者切实遵守。

①尊重对方。求职面谈时，首先，要尊重对方，不能因为招聘者的学历、职称，年龄或资历不如你优越，你就轻视对方。尊重对方、赏识对方，可以使招聘者增加对你的好感；第二，要善解人意，无论对方提出什么问题，你都应该从积极的角度去理解，而不是一味地产生对立情绪，认为是故意刁难你。

②充满自信。求职既要自知，更要自信。求职过程中的自信表现，是在自大与自卑之间选择合适的一个度，既不过分张扬，也不过分卑下。面试时的沟通是指围绕着求职、面试的

主题，进行自我介绍并回答面试考官的问题，也是指在适当的时候，借题发挥，进一步展示自己本身的能力与才华。因此，求职者平常应在自信的基础上，加以训练，这样才能使求职者在真正的面试时，超水平发挥。

③双向交流。在求职过程中，正确使用语言进行表达，无论是描述自己的情况、成绩或意向，还是回答面试考官的问题，都是非常重要的。

(2)仔细聆听。在面试过程中，要仔细聆听。为了表示你在耐心倾听，要伴随适当的肢体动作(如微微点头)或简单的附和语。回答问题前必须确认已经听清、听准对方的提问，如果对讲话重点不是十分有把握，则建议用复述性提问加以确认，比如，“您的意思是不是说……”“如果我没猜错的话，您是想问我……”

(3)谦虚诚恳。在面谈中，应聘者如果能谦虚诚恳，则可立于不败之地，从而成功地叩响就业之门。

(4)毛遂自荐。在求职过程中，如何在众多的竞争对手中脱颖而出很重要，哪怕只是引起招聘者的注意。当我们在运用求职语言艺术时，“单刀直入、毛遂自荐”也不失为一种方式。我们可以开门见山，对招聘者直截了当地表明自己的选择意向。如果对方针对你的能力或学历提出任何异议，那么别担心，这恰恰是给了你一个说明和展示的机会。

(5)巧用反问。在面试过程中，有些招聘者会针对你的薄弱环节进行发问，其目的有二：一是确实发现你有不足之处，想得到你的解释；二是想看看你的应变能力和回答技巧。这时，应聘者一定要沉着冷静，迎难而上，用反问的形式巧妙地回答问题。

(6)少用“我”字。由于面试的过程是一个对“我”进行考察的过程，因此，无论是在自我介绍还是在面试谈话过程中，求职者的语言和意识往往会以“我”为中心。例如，“我”的学历、“我”的理想、“我”的才华，以及“我”的要求……殊不知，这样做会使对方认为你“以自我为中心”“自我标榜”“自以为是”“自我推销”……尽管事实并非如此。

(7)灵活应变。记住，在任何情况下，招聘单位都会垂青那些有较强角色意识和应变能力的人。而这种能力多半是书上没有的，要在实践中不断地锻炼，这就是为何有些招聘单位很看重工作经验的原因。

(8)成功地进行自我介绍。成功的自我介绍往往会给面试考官留下深刻的印象，求职就成功了一半。在人的思想意识中，往往存在这样的误区，认为最了解自己的人一定是自己，把介绍自己当成是一件很容易的事。其实不然，说人易，说己难。在求职面试中，介绍自己是最难的部分，成功地进行自我介绍，要把握礼貌的问候、主题要鲜明、让事实说话、给自己留条退路这几点。

(9)得体地回答。在面试过程中，要注意以答为基础，以问为辅助的沟通技巧。尽管不同的公司面试的程序和模式有所不同，面试考官的风格各异，但是有些问题是面试考官们比较喜欢问的。应聘者一定要对这些问题有所准备，知己知彼才能百战不殆。

(10)讲究无声语言艺术。在求职面试中，招聘人员常常通过求职者的举手投足、坐姿站态、一动一静、一颦一笑去判断其心理素质、文化修养甚至性格特征。“第一印象”在面试中非常重要，有时甚至决定了求职是否成功。优美的体态风度能帮助求职者建立良好的第一印象，从而起到事半功倍的作用。假如求职者不修边幅、大大咧咧，或者拘谨胆怯，体态不自然，必然会有损求职者在招聘人员心目中的印象，从而影响面试成绩。

（二）工作沟通

人在职场中，我们每天至少有三分之一的时间是在工作中度过的，营造一个愉快的工作环境，从工作中获得快乐与满足，是每个职场中人所刻意追求的，因为只有这样，才能有助于事业的成功。因此，现代人在工作中必须讲究与上司、同事、下级等交往艺术，讲究办公室礼仪。

（1）与上司沟通的艺术。

在一个工作单位里，最重要的人际关系非与上级的交往莫属，因为他可以提拔自己也可能处分自己。为了自己的事业有个良好的发展空间，员工一定要学会与上级交往的艺术。

①日常交际礼仪。员工在日常工作中，见到上司要主动打招呼.如果距离较远，不方便呼叫，则可注视之，目光相遇，点头示意；近距离时，用礼貌用语问候上司，如“王经理，您好”；进上司办公室时，应先敲门，通报姓名，得到上司允许方可入内；与上司在一起时，言谈举止都要表现出应有的尊重和礼节。如与上司谈话时，如果自己是坐着的，而上司是站着的，就应该站起来，请上司就座，而不应该毫不在乎地坐在那里。

②工作方面礼仪。工作中与上司的交往礼仪主要表现在汇报工作与执行工作上。在汇报工作时要注意自己的仪态，汇报时，表情应该自然、彬彬有礼，语速、音量都要适中，要让领导轻松而又清楚地听到自己的汇报内容，汇报的语气中要充分表现出对上司的尊重。在上司发表意见时，不要插嘴，不要显得不屑一顾。

在听领导布置工作时，一定要专心致志，不能目无领导。当工作无法完成时，或出现比较棘手的任务时，要及时通报，并说明缘由。工作中做错了事，要学会自我检讨，不要找借口，推卸责任。

与上司沟通技巧。首先要让上司认可。上级最信得过的下级是爱岗敬业、忠于职守、勤勤恳恳的人。所以，作为一个下级，要乐于“鞠躬尽瘁，死而后已”，要尽职尽责、积极主动，出色地做好本职工作，不可故作姿态，光说不练。要以自己的精明实干和出色的工作能力奠定和上司交往的基础。

另外，要虚心接受上司批评，巧妙指出上司的错误。谁都可能出错，面对上司的批评，一定要调整好心态，虚心接受批评。要有一定的组织观念，上司并非在找碴，他是在履行他的职责。要尊重上级的意见，上级的意见与自己的想法不一致时，如果他的意见没有错误，则应按上级的安排去做，如果上级的意见确实不妥，也不要当面顶撞，则应该巧妙地指正上级。

最后要注意不要到处表现自己。在上司面前，下级应表现得谦虚、朴实。不要忘记赞扬的作用，真心的赞扬是对他人的一种尊重和肯定。不但可以满足上司的自尊心，还能赢得上司的好感与信任。还要记住，当自己在工作中有了功劳，不要到处去宣扬，以免让上司感到你是个居功自傲的人。遇到棘手的问题时，也要谦虚请教上司，不要越级去见别的上司。

（2）与同事沟通的艺术。

①互相尊重。要处理好复杂的同事关系，必须要懂得尊重他人。尊重同事，更要尊重同事的隐私。背后议论人的隐私，会损害其名誉，可能造成同事间关系的紧张。当同事在写东西、阅读书信或打电话时，应避开，做到目不斜视、耳不旁听。尊重同事，还在于不轻易翻动同事的东西。如果要找同事的东西，则要请同事代找，如果他本人不在，则要先征得同事的

意见。

②真诚待人,互相帮助。办公室是一个小社会,也是一个小集体。同事间要真诚相待,相互帮助,相互理解,相互宽容。这样的集体才能成为一个团结有战斗力的集体,才能成为一个有凝聚力,使人心情舒畅的大家庭。同事有困难时,应主动询问,伸出援助之手,给他以人力、物力的帮助;当某位同事受挫时,应给予诚恳地安慰,要热情地鼓励他,帮助他走出困境;当同事间发生误会时,要有度量,应主动道歉,说明情况,征得对方的谅解,这样会增进双方的感情,使关系更加融洽。对同事的错误和误解要能容纳。

③经济往来要一清二楚。同事之间可能有相互借钱、借物、馈赠礼品或请客吃饭的往来,但不能大意忘记。每一项都要清楚明白,即使是小款项也应记在备忘录上,以提醒自己及时归还。向同事借东西如不能及时归还,应每隔一段时间向对方说明一下情况。总之,同事间的物质经济往来要弄得清楚明白,无论是有意或无意地占人便宜都会令对方感到不快,也会影响同事之间的关系。

④透明竞争,权责分明。同事之间既有合作也避免不了竞争。与同事共处应遵守尊重、配合的原则,明确权责,尽量施展自己的才华,绝不轻率地侵犯同事的业务领域。应在透明、公平竞争中,各自施展自己的才华并求得发展。不要过分表现自己,免得落下孤芳自赏的名声,最后只是孤家寡人。但是也不可组建自己的小团伙,制造流言蜚语中伤某位竞争对手。同时做事要尽力而为,量力而行,踏踏实实做好自己的本职工作,不让别人有诋毁自己的机会,努力创造更多与同事沟通的机会,增进感情,消除彼此间隔膜,在合作中良性竞争。

⑤言谈要得体。与同事交谈时,一定要注意语言要有分寸、要得体。工作场合中要保持高昂的情绪,即使遇到挫折、饱受委屈、得不到上级的信任时,与同事交谈也不要牢骚满腹、怨气冲天。把痛苦的经历当作谈资一谈再谈,这样会让人退避三舍。谈论自己和别人时,不要滔滔不绝,要观察对方的反应来决定谈话应不应该继续进行。在工作场合中,不要说悄悄话,耳语就像噪声,影响人们的工作情绪,也会引起同事的反感。在与同事相处中,不要得理不饶人。有些人总喜欢嘴巴上占便宜,争上风。他们喜欢争辩,有理要争,没理就更要争三分,这样会使同事们感到烦闷,不利于同事之间的交往。要知道,一个好的倾听者,就是一个好的谈话者。善于倾听别人,能表现出自己对对方的关心与尊重,使对方获得满足感,从而愿意与自己交流。

(3)与下级沟通的艺术。

孔子认为"君使臣以礼",领导对下属应以礼相待。礼贤下士这一做法在中国已经存在了近两千年。作为领导者,应该以礼对待员工,积极与员工进行有效的沟通。

①待人要公平、公正。只有上下同心,企业才会有发展。做到这一点,领导者必须尽力做到公平、公正。因此,上级应该坚持客观,公正地对待下级,不要受情绪的影响。要学会做一个好的倾听者,站在下属的角度去考虑问题。身为领导者,要能听出下属的弦外之音、言外之意,对于下属的情绪和处境要多加理解,抛开自己的情绪。作为领导,待人不能受偏见的影响,应该平等待人。领导者不应该被各种各样的偏见蒙蔽了心灵。同时,身为领导者也不应该太偏激独断,能够听取别人意见才能与员工建立融洽的关系。

②尊重理解下属。一个成功的领导者应该尊重和理解他的下属,为工作营造一个良好的氛围。上级要尊重下属的人格,尊重他们的意见和建议,让每个人都感受到自己是团队的

一员。下属的工作没有按预定目标完成时，要学会换位思考，理解他们的难处，不能把责任都推到他们头上。领导者要有宽容人的度量，在与下属沟通时，不可分亲疏远近，也不能因顾及面子而冷落了才智之士奋发向上的心，还要以开阔的心胸容纳别人，原谅别人的过错。一个好的上司，要在尊重理解员工之时，宽以待人，严于律己。遇事先从自己身上找原因，这样才能博得下属的爱戴和敬重。

③拿捏好批评和表扬。表扬和批评相结合是人类自古以来形成的一种管理方法。对于领导者，批评和表扬下属是激励他们继续努力工作必不可少的手段。但是生活中却常能见到对员工大呼小叫、颐指气使的领导和不断抱怨的员工，这就说明批评和表扬需要一定的技巧，才会达到好的效果。

批评是需要理由的。而很多领导会不知不觉地把批评下属当作是发泄情绪或证明自己权威的一种手段。一个优秀的领导者应该在工作中建立明确的奖惩制度，并且贯彻落实，奖罚有度，从而树立自己的威信。

批评下属时可以先表扬后批评。因为想让别人顺从地听取批评的意见不是一件容易的事。所以在进行批评时，可以先从正面肯定开始，这样才不会被看成只是针对个人的行为，会让人更好接受。同时，可以提出一些好的建议和忠告来帮助他们改进自己的工作。

批评下属的时候要就事论事。在对员工进行批评的时候，要尽量避免使用一些会使问题扩大化的词语，注意就事论事。批评下属的时候也要选对场合。一般情况下，不要在众人面前批评员工，这样虽然会起到杀一儆百的作用，但会伤害到被批评者的自尊，同时对领导者的形象和涵养也会有不好的影响。尤其值得注意的是，不能当着某部门员工的面批评此部门的领导，这样会让这个受批评的领导尴尬，也会给他以后的工作带来不好的影响。

批评的态度要宽容。批评是帮助员工发现自己的缺点并加以改正和完善的一种手段，而不是彻底毁灭一个人的自信心。所以领导者在批评下属的时候，语气要温和，不能大动干戈、咄咄逼人。

(4)讲究办公室礼仪。

办公室礼仪最能体现一个人是否具备良好的素质和个人修养，因为办公室是日常工作的地方，同事们在这里朝夕相处，很多礼仪需要我们去注意。良好的礼仪不仅能树立个人和组织的良好形象，也会关系到一个人的前程和事业发展。

①办公室内的一般礼仪规范。

要守时，不迟到早退。上班时间要按时报到，遵守午餐、上班、下班时间，不迟到早退，否则会给领导留下一个懒散、没有时间观念的印象。另外，要严格遵守上班时间，一般不能在上班时间随便出去办私事。

不要随便打私人电话。有些企业规定办公时间不要随便接听私人电话，一般在外贸企业里用公司电话长时间地经常性地打私人电话是不允许的。

做错了事要勇于承认。有些小的事情办错了，当上司询问起来时，不要推责，即使别的同事都有一些责任，也要直接替大家解释或道歉。如果是自己做错了事，则更要勇于承担责任，绝不可以诿过于人。

乐于助人。当看到同事有需要帮忙的事情，一定要热心地帮助解决。

不要随便打扰别人。自己的工作任务完成时一定不要打扰别人，不要与没有干完活的人交谈,这样做是不礼貌的。

爱惜办公室公共用品。办公室的公共物品是大家在办公室的时候用的,不要随便把它拿回家去,也不要浪费公共物品。

②办公室环境礼仪。

办公室桌面环境。办公室的桌椅及其他办公设施,都需要保持干净、整洁、井井有条。正如鲁迅先生所说,"几案精严见性情"。从办公桌的状态可以看到当事人的状态,会整理自己桌面的人,做起事来肯定也是干净爽快。他们为了更有效地完成工作,桌面上只摆放目前正在进行的工作文件;在休息前应做好下一项工作的准备;因事暂时离开座位时,应将文件覆盖起来;下班后的桌面上只能摆放计算机,而文件、资料应该收放在抽屉或文件柜中。

办公室心理环境。办公室内的软件建设是需要在心理卫生方面下一番工夫的。因为"精神污染"会涣散人们工作的积极性,乃至影响工作效率、工作质量。为此,在办公室内需要不断提高心理卫生水平。

学会选择适当的心理调节方式,使工作人员不被"精神污染"。领导应主动关心员工,了解员工的情绪周期变化规律,根据工作情况,采取放"情绪假"的办法。工作之余多组织一些文娱体育活动,既丰富文化生活,又宣泄了不良情绪。有条件的可以建立员工心理档案,并定期组织"心理检查",这样可以防微杜渐,避免严重心理问题的产生。企业应经常组织一些"健心活动"。使员工能够经常保持积极向上、稳定的情绪,掌握协调与控制情绪的技巧与方式。

③办公室里谈话注意事项。

一般不要谈工资等问题。在很多公司里,每一个人的工作不一样,得到的报酬也不一样。

不要谈私人问题。在办公室谈论私人话题,特别是遇到的不好的事情和不好的心情,会影响别人的情绪,或者引起别人对自己不好的看法,如果不注意,则不但会影响形象,也会影响前途。

不要评论别人的是是非非。当有人在评论别人时,不要插嘴,也不要充当谣言的传播者。

(三)客户沟通

1.客户沟通的原则

(1)顾客中心原则。要设身处地为对方着想,急客户之所急。换位思考,就能深入顾客所期望的目标,也就能抓住所要说明的要点。最好用客户的语言和思维顺序来介绍产品,安排说话顺序,不要一股脑说下去,要注意客户的表情,灵活调整销售语言,并力求通俗易懂。

(2)倾听原则。"三分说,七分听",这是人际交谈基本原理——倾听原则在营销中的运用。在推销商品时,要"观其色,听其言"。除了观察客户的表情和态度外,还要虚心倾听对方议论,洞察对方的真正意图和打算。要找出双方的共同点,表示理解对方的观点,并要扮演比较恰当、适中的角色,向客户推销商品。

(3)禁忌语原则。在保持积极的态度时,沟通用语也要尽量选择体现正面意思的词,选择积极的用词与方式。要保持商量的口吻,不要用命令或乞求语气,尽量避免使人感到丧气的说法。例如,“很抱歉让您久等了。”(负面词)转换为“谢谢您的耐心等待。”(积极的说法);“问题是那种产品都卖完了。”(负面词)转换为“由于需求很多,送货暂时没有接上。”(积极的说法)

(4)“低褒微谢”原则。“低”就是态度谦恭,谦逊平易。“褒”是褒扬赞美。“谢”是感谢,由衷地感谢顾客的照顾。如“谢谢您,这是我们公司的发票,请收好。”“谢谢您,正好是XX元。”“微”是微笑。营销人员要常带微笑,给客户带来好的心情。

2. 客户沟通的语言要求

为了赢得客户,实现客户沟通的目标,与客户沟通除了要注意发音清晰、标准,语调低沉、自然,明朗,语速恰如其分,音量适中等一般语言沟通的规则外,还尤其要做到如下方面。

(1)在说话时配合恰当的表情。比如,说到高兴处,可以微笑,或者配合一定的手势动作;说到伤心处,神情表现得悲伤,让情绪感染客户,让客户进入到其所创设的情境中,容易诱导客户。

此外推销人员还要注意表达逻辑清晰,重点突出。在进行介绍时,要思路清晰,表达流畅,不能前言不搭后语,让听者不知所云。为了突出重点,可以适当地使用一些词语,如“首先”“其次”“再次”“最后”或者“第一”“第二”“第三”等,以便客户能抓住重点。一般要把最突出的优点放在第一位,吸引住客户,稍弱的优点依次往后。推销员可以把自己的声音录下来,找好朋友、家人或者同事从内容、形式等方面提提建议和意见,以便提高说话水平。

(2)避免以“我”为中心。通过提问的方式给顾客一定程度的自尊心理满足,诱导和激发顾客产生购买行为。比如,“我认为”可改为“您是否认为”“我想您肯定会买的”,可改成“您很内行,可不要错过机会”等。这些提问能使顾客顺从诱导,引起思考,品味推销员没有说出的销售主题。一旦悟出道理,大多数顾客就会陶醉于自己体会出的快乐心情之中,很少会产生是由推销员诱导出来的怀疑感觉。在公众自己品味出销售的主题以后,推销员还可以用赞美的语气强化诱导的结果。“您讲得很有道理”,“我完全同意您的想法”等赞美语句会使顾客油然产生一种兴奋的心情,这种情感体验能够升华为坚定不移的购买信念,达到顺利成交的良好结果。

(3)注意语言的精确性,提高对顾客说理的感染力。在推销中,推销人员的语言是一种极其复杂的心理活动,推销员凭借某种语言来传递自己心理活动的信息,表达自己的思想、情感、愿望和要求,而顾客也是通过语言交流,接受推销员传递的商品信息,引起思想,感情的共鸣,采取积极的购买行为。因此,推销员要加强语言修养,提高语言的精确性,增强语言的感染力,给顾客以身临其境的感觉,强化说理的效果。应注意多用肯定语言;用请求式的语句尊重顾客,尽量避免用命令式的语句同顾客交谈;客户沟通中,刺激的语句,过于客套的语句都是不恰当的。这些语句容易引起顾客的反感。

总之,正确使用语言,通过礼貌语言的魅力,影响、感染、引导消费公众,触发购买行为,是有效地开展与客户的沟通所必需的。

3. 与客户沟通的技巧

(1)引起注意。无数的事实证明:在面对面的推销中,能否真正吸引客户的注意力,第一句话是十分重要的,它的重要性并不亚于宣传广告。客户在听我们第一句话的时候比听第二句话乃至之后的话要认真得多。当听完我们第一句话时,很多客户,不论是有心还是无意,都会马上决定是尽快地把我们打发走,还是准备继续谈下去,如果第一句话不能有效地引起顾客的兴趣,那么而后即使谈下去,结果也不会太乐观。

①急人所急。抓住对方的急需提问是引起其注意的常用方法。

②设身处地。如果一开口,便说出一句替客户设身处地着想的话,同样也能赢得对方的注意。因为人们对与自己有关的事特别注意,而对那些与自己无关或关系不大的事,往往不太关心。

③正话反说。有的时候推销人员为了引起对方的注意,故意正话反说,这也是一种出其不意的妙法。

④形象演示。关于产品的戏剧性形象演示,效果明显,可以极好地引起公众注意。一个纺织品推销员脸朝着太阳的方向,双手举起一块真丝产品,这时,从挂在墙上的玻璃镜中,可以看到这块真丝产品,他对顾客说:“你从来没有见过这样有光泽的图案,这样清晰的丝织品吧?”假如不是这样做,而是直截了当地问对方“你要丝织品吗?”其效果就肯定差得远。

⑤顺水推舟。“在上个月的展销会上,我看到你们生产的橱窗很漂亮,那是你们的产品吗?”这句话马上引起了对方的注意,并使对方十分高兴,然后推销员紧接着对这位客户说:“我想,如果在你们生产的橱窗上再配上我厂的这种新产品,那就是锦上添花了”,顺手递上了自己所要推销的产品。这个推销员顺着他人产品之水,推动自己产品之舟,可谓巧妙,这种借向客户提出新的构想来推销自己产品的方法,也是一种吸引对方注意的有效途径。

⑥从众效应法。从众是一种有趣的社会心理现象,它指的是,人们往往不自觉地以周围的人行为动作作为自己的行动指导,特别是当自己难以选择的时候,更会以他人的行动作为自己行动的借鉴。

(2)介绍商品。

①突出重点。通常一种商品或服务,本身具有众多的优点和特征,如果我们不看对象,一股脑儿将这些特点和特征加以罗列,一一介绍,则不但会白白浪费许多时间,顾客也会由于我们的“狂轰滥炸”而弄得头昏眼花,不得要领。在介绍时,我们应将商品或服务的特点,转换成对顾客的益处,依客户之不同而进行重点不同的说明。

商品虽然成千上万,不胜枚举,但是说明的重点不外乎以下方面:适合性、通融性、耐久性、安全性、舒适性、简便性、流行性、身价、美观性、便宜性。这些方面因人而异、因物而异、因时而异,要求我们在作说明的时候,能对症下药。

②因情制宜。因情制宜就是指介绍商品时应根据商品的特点和推销对象的具体情况加以介绍,做到有的放矢,比如对高档商品要强调其质优物美的一面;对廉价商品则要偏重其价廉的特点;对试销商品要突出其“新颖独特”的一面,着力介绍其新功能、新结构、体现新的审美观和价值观;对畅销商品,因其功能、质量已广为人知,因此对商品本身不需详细介绍,而应着重说明其畅销的行情和原因,使顾客不但感到畅销合情合理,而且产生一种“如不从速购买,可能失去机会”的心理,而对滞销商品,则应强调其价格低廉、经济实惠的特点,同时适当地对照说明其滞销的某些原因和可取的优点。比如对老年人介绍说:“这种羽绒服是名牌产品,保暖性强,结实耐穿,式样大方,就是款式不够新颖,没有皮衣那么时髦,所以年轻人

不太欣赏。”这正切合了老年人求经济实用,重内在质量的心理。

从营销对象来看,不同的顾客有不同的心理和需求,介绍商品时更应抓住不同顾客的心理特点,因人施语,获得顾客的认同,如年轻人喜欢新颖奇特,而老年人则注重价格;女士往往偏重款式,男士则更讲究品牌,向女士推销服装,应强调款式的新颖,风格的独特,而对男士,则应着重介绍品牌的知名、质料的考究。又如对老成稳重的顾客,介绍时应力求周全,讲话可以慢一点,要留有余地;对自我意识很强的顾客,不妨先听其言,然后因势利导;对性情急躁的顾客,介绍商品时应保持平静,设身处地为之权衡利弊,促其当机立断;而对优柔寡断,则应察言观色,促发其购买冲动。

③充满热情。营销人员在营销过程中要充满信心和热情,营销人员的热情往往会感染顾客,使顾客产生信任感,构成情感上的共鸣,进而引发顾客的购买欲。

④实事求是。实事求是即指介绍商品应尊重事实,恰如其分,切忌虚假吹嘘,蒙骗顾客。应当看到,任何商品都有其长处和短处,顾客所关注的是商品的长处在多大程度上大于短处,商品的长处和价值要与其价格相称。所以,对商品的成功介绍并不在于过分渲染和夸大商品的优点,这样做只能引起客户怀疑和反感,而应当实事求是地介绍,以使客户全面了解商品情况。消除疑虑和犹豫心理,增强对商品和企业的信任度,买得放心并且称心。营销人员应当铭记的是:商品介绍中最重要的不在于推销者说了些什么,而在于客户相信什么,不在于告诉客户商品如何完美无缺,而在于让客户了解此种商品有什么适应其需求的特点,所以实事求是地介绍商品是颇有说服力的。

(3)诱导购买。

我们在推销说明中,就是凭借我们的口,针对顾客的欲望,利用商品的某种效用,为顾客描述商品,使之产生联想,甚至产生“梦幻般的感觉”,以达到刺激欲望的目的。

①描绘购买后的美景。为了使顾客产生购买的欲望,当让顾客看商品或进行演示还是不够时,我们必须同时加以适当的劝诱,使顾客脑海中呈现一幅美景。我们首先要将有魅力的形象在我们的脑海中描绘出来,并将形象转换成丰富动人的言辞,然后用我们的口才当“放像机”在对方脑海屏幕上映现出来,借以打动对方的心结。

凡是成功的推销员都明白,在进行商品说明的时候,不能仅以商品的各种物理性能为限,因为这样做,还难以使顾客动心。要使顾客产生购买的念头,还必须在此基础上勾画出一副梦幻般图景,顿时使商品增加了吸引人的魅力。使用这种描述说明方式有几点必须注意。第一,不要描述没有事实根据的虚幻形象。我们的描述,目的是使我们的商品或服务锦上添花。要做到这点,首先必须是“锦”,而不是破布。如果我们所描述的是没有事实根据的虚幻形象,日后必招来顾客的怨恨。第二,以具体的措辞描绘。第三,以传达感觉的措辞来描述。第四,活用比较和对照的方法来描述。第五,活用实例来描述。如果我们把合理的说明与描述性的说话术结合起来,将起到画龙点睛的作用,使我们的说明更能激发起顾客的欲望。

②提供有价值的情报。向顾客提供有价值的情报,也是刺激顾客购买欲望的一种说话的方法,这也是很多不喜欢谈吐的推销员能得以成功的秘诀。什么是有价值的情报呢?顾客的利益及消费的时尚,顾客的需要及利益都是有价值的情报,这里重点讲述应该如何抓住顾客消费价值取向的变化,从而引导顾客适应新形势,进而激发他们购买的欲望。由于技术

的革新,市面上相继出现了经过新奇包装的商品。消费者的收入水准或教育水平都在提高,生活方式随之改变,买方的欲求也高度化、大型化、多样化、个性化起来。购买态度、东西的买法、顾客的选择,一直在急速地改变。顾客的价值观,也和以前完全不同。所以,只认为质量过硬或工厂设备精良,就自视其商品佳,而自陷于千篇一律到处可见的推销法,注定意味着推销失败。

(4)消除异议。

曾有这样一段有趣的对话,两个人正在聊天,其中一个人问道:“如果比尔 · 盖茨现在突然要约见你,你准备穿什么衣服去赴约呢?”另一个人回答:“穿什么都可以,只要不穿西装、打领带,手提公文包就行。”“为什么?”“很简单,如果你穿成那样去的话,大老远一看见你,比尔 · 盖茨就会认为你是来向他推销保险的,还没等你走到他跟前,他的秘书就会把你赶走……”不难看出,销售的第一步是与顾客进行沟通,而沟通的第一步则是消除顾客的异议疑惑、戒备或误解。无论顾客的异议是来自推销人员、所推销的产品、企业的信誉,或是来自顾客本身,推销人员都有义务为顾客解决问题,而不应该轻易放弃,更不能抱怨顾客。

①产品异议。这是顾客对产品的质量、样式、设计、款式、规格等提出的异议。这类异议带有一定的主观色彩,其根源在于顾客的认识水平、广告宣传、购买习惯及各种社会成见等因素。异议处理的关键是销售员必须首先对产品有充分的认识,然后再根据不同的顾客采用不同的办法去消除其异议。

②货源异议。这是指顾客对推销品来源于哪家企业和哪个推销员而产生的异议。如“没听说过你们这家企”。货源异议乍看不可克服,令人难堪;但这又说明顾客对产品是有需要的,推销机会是存在的。这时推销员可以询问顾客目前用的产品品牌和供应厂商。如所用产品与推销品类似,则可侧重介绍推销品的优点。但千万不能说同行的坏话。

③价格异议。顾客关注产品的价格,并且为了降低价格而进行协商,多半表明他需要这样的产品。顾客说“太贵了”,其实追求物美价廉的心理使然,同时顾客也想听听你的解释。这时你要做的就是要让他们相信你的产品绝对物有所值,甚至是物超所值的。如果能够成功地做到这一点,那么就成交有望了。因此,顾客提出对价格的异议时,推销人员不用紧张,也不要仅围绕着价格问题与顾客展开争论,而是应该看到价格问题背后的价值问题,尽可能地让顾客相信产品的价格完全符合产品的真实价值,最终说服顾客,实现交易。如果顾客咬定价格问题不肯放松,推销人员也不必受顾客的影响,而应该寻找到顾客认为价格太高的深层次原因,然后再根据这些原因展开有效的销售活动。要记住:不要跟顾客讨论价格,而要跟顾客讨论价值。

④服务异议。服务异议是顾客对企业或推销员提供的服务不满意而拒购商品的异议。对待顾客的服务异议,推销员应诚恳接受,并耐心解释,以树立企业良好的形象。例如,有一次一位经营通用机械的跨国公司推销员向农民推销一种先进的农业机械,一位农民说:“你们公司在我们国家只有很少几个经销维修点,而且离我们农场很远,今后机械零件损坏怎么办?”推销员回答:“本公司不提供机械服务,但我们在进行了严格测试的基础上,为每台机械配足了使用寿命所需的配件,一旦机械出现问题,你们就可以自己换零件和维修,这样既省钱又不会误农时。”推销员的一番话使顾客消除了服务异议。

技能实训

(一)销售顾问首次接待预约客户的沟通准备工作模拟练习

1. 准备工作

(1)场地设施:模拟销售展厅客户接待区。

(2)设备设施:前台桌、电话、电脑、名片、产品手册、饮品、汽车或精品。

2. 实训过程

(1)6 人一组,共同制订方案,角色模拟后小组自评,教师点评。

(2)对预约客户进行资料熟悉。

(3)对预约客户来访需求进行店内熟悉准备。

(4)与预约客户沟通,确定来店时间等内容。

(5)自我接待前的仪容仪表整理。

(6)客户来店后可能需要提供的相关服务内容准备工作。

(二)到展会开展汽车展览销售项目有效沟通预案路演

1. 准备工作

(1)场地设施:模拟汽车营销策划实训室或多媒体教室。

(2)设备设施:电脑。

2. 实训过程

(1)6 人一组。

(2)共同研究制订到展会去布展的项目预案。

(3)对预案进行讨论修改后定稿。

(4)制作路演文件。

(5)路演。

(6)小组自评后教师点评。

(三)职场沟通技巧模拟练习

1. 准备工作

(1)场地设施:可接待客户的场地。

(2)设备设施:前台桌、电话、电脑、名片、产品手册、饮品、汽车或精品等。

2. 实训过程

(1)角色模拟老员工对新员工的打压,如何改变被“穿小鞋”“鸡蛋里挑骨头”的思维定式?

(2)角色模拟作为新员工应如何改变现状。

(3)角色模拟如何处理新老员工中的冲突。

(4)小组自评后教师点评。

模块小结

(1)沟通一般有四大目的,说明事物、表达情感、建立关系、进行企图。

(2)沟通准备包括确立沟通目的、确定计划、做好预案、进行情况分析、提前预告。

(3)有声语言具有有声性、自然性、直接性、即时性和灵活性。

(4)有声语言的基本要求为准确流畅、词汇丰富、清亮圆润、热情自然。

(5)语言沟通的技巧包括:积极表达期望、注意推论与事实、进行委婉表达、使用模糊语言、不妨幽默表达。

(6)声音质量的因素有音域、音量、音长和音质。

(7)非语言沟通是指不通过口头语言和书面语言,而是通过其他的非语言沟通技巧,如声调、眼神、手势、空间距离等进行沟通,也叫身体语言沟通。

(8)非语言沟通的表现形式为副语言、沉默、时间、着装打扮、环境布置和态势语言。

(9)态势语言包括面部表情语(眼神、微笑、眉与嘴)和肢体语言(头部语言、手部语言、腿部语言)。

(10)日常沟通包括交谈、赞美、说服、拒绝、提问和回答。

(11)交谈的语言艺术包括准确流畅、委婉表达、掌握分寸、幽默风趣、使用礼貌用语、有效选择话题、注意交谈禁忌。

(12)能引起好感的赞美要借助的条件有:热情真诚的赞美、令人愉悦的赞美、具体明确的赞美、符合实际的赞美、让听者无意的赞美、不断增加的赞美、出人意料的赞美。

(13)说服的基本条件有说服者具有较高的信誉、对说服对象有相当的了解、能够把握住最佳的说服时机、必须营造良好的说服氛围。

(14)说服的语言艺术有换位思考、晓以利害、稳定情绪、再行说服、位置互换,改变角色、讲究方式、引起关注、以情动人,以理服人。

(15)拒绝的语言艺术有直接拒绝、婉言拒绝、诱导拒绝、幽默拒绝、回避拒绝、模糊拒绝、附加条件拒绝、沉默拒绝。

(16)提问的方式有直接提问法、限定提问法、迂回提问法、诱导提问法、追踪提问法、假设提问法、激将提问法、错问提问法、插入提问法、协商提问法和转借提问法。

(17)回答要始终坚持的原则有始终保持回答者的信用、用回答来满足听众、力求获得其他听众的支持。

(18)职场沟通有求职沟通、工作沟通和客户沟通。

(19)现代人在工作中必须讲究与上司、同事、下级等人的交往艺术,讲究办公室礼仪。

思考与练习

(一)填空题

1. 沟通工具包括________、________、________和沟通心法。

2. 沟通一般有四大目的,说明事物、________、________、进行企图。

3. 语言沟通的技巧包括________、________、________、________、________。

4. 日常沟通包括交谈、________、________、________、提问和回答。

5. 职场沟通有、________、________和________。

6. 拒绝的语言艺术有直接拒绝、________、诱导拒绝、________、回避拒绝、模糊拒绝、附加条件拒绝、沉默拒绝。

7. 非语言沟通的表现形式为副语言、________、________、________、环境布置和态势语言。

8. 提问的方式有直接提问法、限定提问法、________、诱导提问法、追踪提问法、________、激将提问法、错问提问法、插入提问法、协商提问法和转借提问法。

9. 现代人在工作中必须讲究与________、________、下级等人的交往艺术，讲究办公室礼仪。

10. 说服的基本条件有________、________、能够把握住最佳的说服时机、必须营造良好的说服氛围。

（二）判断题

1. 沟通一般有四大目的，说明事物、表达情感、建立关系、进行企图。（　　）

2. 日常沟通主要包括：电话沟通、电子邮件沟通、即时通信沟通。（　　）

3. 有声语言的基本要求为准确流畅、词汇丰富、清亮圆润、热情自然。（　　）

4. 迂回提问法是指从侧面入手，采用聊天攀谈的形式，然后逐步将问答引上正题。（　　）

5. 在沟通中，信息发布者和信息接入者之间的双向互动，是保障沟通质量的基础，适宜的提问便是一种重要方式。（　　）

6. 职场沟通包括下属沟通、团队沟通、组织沟通。（　　）

7. 正确使用语言，通过礼貌语言的魅力，影响、感染、引导消费公众，触发购买行为，这是有效地开展与客户的沟通所必需的步骤。（　　）

8. 上级的意见与自己的想法不一致时，如果他的意见没有错误，则应按上级的安排去做，如果上级的意见确实不妥，要直接指出。（　　）

9. 顺畅的沟通有助于我们更好地认识他人、融入社会，但是因为诸多差异的存在，沟通的过程也会有冲突。（　　）

10. 无论顾客的异议是来自推销人员、所推销的产品、企业的信誉，或是来自顾客本身，推销人员都有义务为顾客解决问题，而不应该轻易放弃，更不应该抱怨顾客。（　　）

（三）简答题

1. 语言沟通与非语言沟通的联系和区别。

2. 与上司沟通的艺术。

3. 与客户沟通的技巧有哪些？

4. 沟通准备有哪些？

5. 拒绝的基本要求是什么？

6. 与同事沟通的艺术是什么？

模块五　沟通力的应用

学习目标

1. 掌握人际沟通的障碍及克服技巧；
2. 掌握商务合作过程中沟通的技巧，增强合作沟通能力；
3. 掌握商务谈判过程中沟通的技巧，增强谈判的能力；
4. 能够在商务合作与谈判环节中轻松驾驭沟通力，提高综合工作能力。

建议课时

10 课时。

一、人际沟通的障碍及克服技巧

（一）心理障碍

心理障碍是在特定情境和特定时段由不良刺激引起的心理异常现象，属于正常心理活动中暂时性的局部异常状态。有人见生人就脸红，有人与领导讲话结巴，有人千不怕万不怕就怕当众讲话，这些都是心理素质差、存在某种心理障碍的表现。

恐惧、忌妒、自负、多疑、孤僻等心理障碍，不但影响人际沟通，对整个人生都会产生严重影响。

1. 恐惧心理障碍

（1）恐惧心理及原因。

对于人际沟通，人们都很重视，但有的人却不善于交际，造成这种情况最重要的一个心理障碍是恐惧。恐惧是一种痛苦的体验，不敢在别人面前说出自己的想法，不敢在公开场合讲话，怕别人注视自己，或者害怕与人沟通交流，这些都是恐惧心理的表现，严重时就可能引发社交恐惧症。

有恐惧心理，不能正常地进行人际沟通的人，一般是出于以下几个原因。

①羞怯。

羞怯是羞涩胆怯的意思，主要表现为紧张、难为情、脸红和退缩，是一种常见的心理现象。羞怯者存在明显的生理症状，如心跳加速、脸红、思维混乱、语无伦次、举止失常等。当遇到权威人士或身居要职者、暗恋的异性、处于大庭广众面前时，羞怯更易发生。

从心理感受上讲，羞怯者强烈感到做错了事或者有什么不得体的地方，别人一定都看在眼里。他们觉得别人都知道在某种场合如何应付，如何听懂别人的话，只有自己不知所措，不知道如何理解这个情境，好像连别人说话都听不懂了，想赶快逃离这里。因此，他们一般都胆子小，害怕在别人面前出丑。

②自卑。

自卑是指自我评价低、自愧无能而丧失自信，并伴有自怨自艾、悲观失望等情绪体验的消极心理倾向。自卑者常常情不自禁地过分夸大自己的不足，甚至毫无根据地臆造出许多弱点，不能冷静分析自己所受的挫折，不能正确对待自己的过失，不能客观理解别人对自己的评价，以致把自己看得一无是处。

自卑者在交往中，虽有良好的愿望，但总是怕别人的轻视和拒绝，因而对自己没有信心，很想等到别人的肯定，常常很敏感地把别人的不快归为自己的不当。有自卑感的人往往过分地自尊，为了保护自己，常表现得非常强硬，让人难以接近，在人际交往中变得格格不入，自然与人沟通起来非常困难。

③失败与挫折。

遇到失败和挫折，身处逆境，总是给人带来不愉快的情绪，而过重的精神压力会使人紧张困扰，甚至一蹶不振。有些人之所以恐惧人际沟通，就是因为以前有过沟通失败的经历，感到非常受挫，而这种失败感一直萦绕着他们，挥之不去，使他们对未来没有把握，开始怀疑自己。失败和挫折也可能是造成羞怯和自卑的原因之一。

（2）克服恐惧心理的技巧。

①了解恐惧心理的真相。

要想克服恐惧心理，首先，在人际交往的最初阶段，由于不懂得社交礼仪，出丑是在所难免的。吃一堑长一智，出丑不可怕，怕的是因为出丑而丧失勇气。社交的恐惧是一只纸老虎，越躲着、避着它，它越欺负你。只有你藐视它，向它挑战，你才能战胜它。其次，并非只有你一个人害怕当众讲话，不是因为你不能，而是因为你不习惯，唯有不断练习才能摆脱这种恐惧心理。

②建立自信，增强意志。

只要时时告诉自己：我能，我可以这么做！心中就会充满希望，就会满怀激情地投入到生活，拥有自信会帮助你撑起成功的风帆。要学会对他人微笑，微笑是自信的第一步；还要找出自身特有的优点，学会自我欣赏。如果自己找不出，请亲朋好友、同学同事帮忙。

驱逐恐惧，还要加强自己的意志锻炼，即保持镇定，面对现实，就是要尽量地训练自己在面对引起恐惧的事物时，保持镇静。在人际沟通中，要避免去想那些使你不安的负面刺激，多给自己打气，把注意力放在自己的行动上，而不是放在感觉上。

③勇于尝试，多加练习。

勇敢地面对而不是逃避，也是克服恐惧的良方。“明知山有虎，偏向虎山行”，不去做，永远都恐惧。拿出破釜沉舟的勇气，做了一件自己恐惧的事，就很容易去做第二件、第三件……

对于不敢当众讲话的人，应该有意识不放过任何一次练习的机会。可以说，当众讲话机会随处都有,要有意识抓住机会,锻炼自己。如果成天只是想,而又不去练习,就好比一个人不下水,便学不会游泳一样,当众讲话中的害怕心理,也只有在当众讲话的训练实践中才能逐步消除。

2.忌妒心理障碍

(1)忌妒心理及其成因。

忌妒是对于自己有联系的、强过自己的人的一种不服、不悦、失落、仇视,甚至带有某种破坏性的危险情感,是通过把自己与他人进行对比,产生的一种消极心态。忌妒者不能容忍别人超过自己,害怕别人得到自己无法得到的名誉、地位等,在他看来,自己办不到的事别人也不要办成,自己得不到的东西,别人也不要得到。之所以会产生忌妒心理,主要源于以下三个因素。

①忌妒源于同一领域的竞争。

只有处于同一竞争领域的两个竞争者才会有忌妒心理和忌妒行为。人只会忌妒与自己处于同一竞争领域并表现比自己强的人,而不会忌妒与自己不在一个领域的人,也不会忌妒同一竞争领域里表现比自己弱的人。

②忌妒源于某种被破坏的优越感。

人只有在自己具有优越感并被别人超越时才会产生忌妒,如果不具有优越感他只会表现为自卑和羡慕,而不会有任何的忌妒。如小孩看到别人的父母抱他们自己的孩子时会产生羡慕心理,但不会忌妒。可是当他看到自己的父母抱别人的孩子时,他就不乐意了。因为他在别人的父母面前不具有任何优越感,但在自己的父母面前却具有绝对的优越感。当这种优越感被破坏时,忌妒心理就会产生。

③忌妒源于猴王心理与报复心理结合。

每个人先天都具有一种强烈的自我为尊的意识。当与自己处于同一领域的竞争者表现得过分卓越,并且自己也承认该人确实很卓越,比自己强,比自己能赢得更多人的拥护和关爱时,会挫伤自己强烈的“唯我独尊”的心理。

心理被挫伤后会产生自卑、伤心、不安、焦虑、烦躁、恐惧等负面情绪,而这些情绪会让人很痛苦。除非一个人可以很好地克制自己。

(2)克服忌妒心理的技巧。

①认清忌妒心理的危害。

忌妒是一种消极、有害的心理。它破坏人际关系,伤害同事、朋友间的友好感情,甚至由于攻击性情绪的发泄造成悲剧。忌妒也有害于自己的身体健康。在人际沟通中,有忌妒心理的人很难接受别人的想法,自己也会背上沉重的心理包袱。

②开阔眼界和心胸。

忌妒心较强者目光短浅、气量狭小。因此,必须要有切合实际的目标,自觉破除心胸狭窄、自私自利的思想,从“自我”的小天地里跳出来,开阔眼界和心胸。要使自己有一个比较开阔的心胸,必须不断加强自身的进步和发展。

③一个心理健康或胸怀宽广的人,看到别人取得成绩,应当祝贺,自己应该对照先进找差距,同时扬长避短,寻找自己的闪光点,开发自己的潜能,吸取他人的成功经验为自己所用,以求得自身的进步和发展。

④培养健康的好胜心。

忌妒与好胜的共同之处，是不甘心自己落后，总想胜过对方。在工作中争上游不服输是好事，但事事为人先，样样不服输却是不可能的，世界上没有十全十美的事物。应该认识到，不服输是积极的心态；服输，是为了向别人学习，也是积极的心态。“你行，我让你不行”是好胜心发出的忌妒语，而“你行，我争取比你还行”，则是强者的口号。

3. 自负心理障碍

(1)自负心理及原因。

自负心理是盲目自大，过高地估计个人的能力，失去自知之明，只关心个人的需要，强调自己的感受，在人际交往中表现为目中无人。自负者认为自己非常了不起，别人都不行，总爱抬高自己贬低别人，把别人看得一无是处。因此，他们时时事事都从自己的利益出发，从不顾及别人，固执己见，唯我独尊，总是将自己的观点强加于人。

自负心理主要有认识和情感两方面成因。

①认识上的原因。

自负者是缩小了自己的短处，夸大了自己的长处。自负者的自知之明，同时又把自己的长处看得十分突出，对自己的能力和常识评价过高，对别人的能力和常识评价过低，自然会产生自负心理。

②情感上的原因。

一些人的自尊心特别强，为了保护自尊心，在交往挫折面前，常常会产生两种既相反又统一自我保护心理：一种是自卑心理，通过自我隔绝，避免自尊心的进一步受损；另一种是自负心理，通过自我放大，获得自卑不足的补偿。例如，一些家庭经济条件不是很好的学生，生怕被经济条件优越的学生看不起，摆出一副看不起这些同学的样子。这种自负心理是自尊心过分敏感的表现。

(2)克服自负心理的技巧。

①接受批评。

自负者的致命弱点是不愿意改变自己的态度或接受别人的观点，接受批评即是针对这一特点提出的方法。它并不是让自负者完全听命于他人，只是要求他们能够接受别人的正确观点，通过接受别人的批评，改变过去固执己见、唯我独尊的心理。

②与人平等相处。

自负者视自己为上帝，无论在观念上还是行动上都无理地要求别人服从自己。平等相处就是要求自负者以一个普通社会成员的身份与别人平等交往。

③提高自我认识。

要全面地认识自我，既要看到自己的优点，又要看到自己的缺点，不可一叶障目，不见泰山，未免有失偏颇。认识自我不能孤立地去评价，应该放在社会中去考察。每个人生活在世上都有自己的独到之处，都有他人所不及的地方，同时又有不如人的地方。与人比较不能总拿自己的长处去比别人的短处，把别人看得一无是处。

④要以发展的眼光看问题。

既要看到自己的过去，又要看到自己的现在和将来。辉煌的过去标志你过去是个英雄，但它并不代表现在更不预示将来。

4. 多疑心理障碍

(1)多疑心理及原因。

多疑是一种由主观推测而产生的不信任心理,也是一种自我暗示。具有多疑心理的人,在认识事物的时候,往往自己设定了一个框框,按图索骥,按框框取舍所获信息,结果把生活中许多无关的事情联系在一起,甚至无中生有地制造出许多证据,有损自己的身心健康。

多疑心理产生的原因主要有以下四个方面。

①认知方式的偏差。

多疑首先是由于人们的认知方式出现偏差而导致的。以点概面、以偏概全、循环论证的认知方式使得个体在认识周围事物时产生知觉、归因等偏差。具有这种认知方式的人一旦产生疑点,对信息的摄取范围就大大地缩小了,并且将所有的分析推理和判断建立在自己设想的信息上,结果进一步强化了原来的设想,自圆其说,造成疑心重重。

②缺乏自信心。

有些人在某些方面总感觉不如别人,有自卑心理,因而总以为别人在议论自己,看不起自己,算计自己。如果别人在一起说话对自己投来不经意的一瞥,他会认为别人正在说自己的坏话。平时有人开了一个善意的玩笑,他会认为是故意讥笑自己,他人之间发生冲突,他会认为别人是在指桑骂槐。这类人过分关注别人对自己的评价。

③对先前遭遇的挫折体验过深。

多疑心理还可能是挫折引起的一种心理防御。有些人以前轻信别人,轻视自己所面对的事物,结果遭受了巨大挫折,并长期保留对挫折经历的深刻体验。这一体验使得自己矫枉过正,从一个极端走向另一个极端,不敢相信任何人和事。

④长期自我封闭。

长期自我封闭,不与外界接触、打交道,使得自己对外部世界感到更加陌生,在这种情况下,个体在与外界打交道时难免比常人有更多的疑虑、戒心和防备。

(2)克服多疑心理的技巧。

①加强积极的自我暗示。

当疑心越来越重时,要运用理智的力量急刹车,控制自己的胡思乱想。要引进正反两个方面的信息,一分为二地看待自己怀疑的对象,想办法加上一些干扰素。条件允许时,可做一些调查,澄清事实真相,也可以请信得过的朋友分析事情的来龙去脉,清除自己不符合实际的假想与推测;同时学会换位思考,很多时候我们需要站在对方的角度看问题,设身处地地为别人着想,心情会豁然开朗,也可避免许多不必要的矛盾。

②加强交往,增进了解。

多疑往往是彼此不了解、掌握的有关信息过少的结果。多疑产生后,常常又加剧了彼此的隔阂。明白了这个道理,人们就应该主动开诚布公地交谈,最后就会发现造成自己产生多疑之心可能是由于错误信息的传入,也可能是由于一句不经意的玩笑引起的误会。

③培养自信心。

人有所长,亦有所短。每个人都应看到自己的长处,培养自信心,相信自己会与周围的人处理好人际关系,会给别人留下良好的印象。要学会正确认识自己,充分展示自己独特的人格魅力。当一个人充满自信地生活或工作时,就用不着担心自己的行为,也不会轻易怀疑别人是否会挑剔、为难自己了。

5.孤僻心理障碍

(1)孤僻心理及成因。

孤僻心理是指将自己与外界隔绝开来,很少或根本没有社交活动,除了必要的工作、学习、购物以外,大部分时间将自己关在家里,不与他人来往。孤僻的人大多不随和、不合群、独来独往,沉默寡言,内心封闭,孤芳自赏,自命清高。

孤僻心理实质上是一种心理防御机制。造成孤僻的原因主要有两个:一是人际交往中遭到拒绝或打击,如耻笑、埋怨、训斥,这种挫折引起了焦虑,抗挫折能力差的人就会累积焦虑,最后只能以孤僻的方式回避问题以降低挫折感。越不与人接触,社交能力就越得不到锻炼,结果就越孤僻。二是童年时的创伤,如果孩子缺乏母爱或家庭教育过于严厉、粗暴、子女得不到家庭的温暖,会变得畏畏缩缩、自卑冷漠、过分敏感、不相信任何人,最终形成孤僻的性格。

(2)克服孤僻心理的技巧。

①正解评价和认识自己及他人。

一方面要认识孤僻的危害,敞开闭锁的心扉,追求人生的乐趣,摆脱孤僻的缠绕;另一方面要正确地认识别人和自己,努力寻找自己的长处。孤僻者一般不能正确认识自己。有的人自恃比别人强,总想着自己的优点、长处、只看到别人的缺点、短处,自命不凡,认为不值得和别人交往;有的人自卑,总认为自己不如人,交往中被别人讥讽、嘲笑、拒绝,从而把自己紧紧地包裹起来,竭力保护脆弱的自尊心。这两种人都需要正确地认识别人和自己,多与别人交流,沟通感情,享受朋友间的友谊与温暖。

②学习交往技巧,优化性格。

孤僻的人可看一些有关交往的书,学习交往的技巧。同时多参加正当、良好的交往活动。在活动中,逐步培养自己开朗的性格。要敢于与别人交往,虚心听取别人的意见,同时要有与任何人成为朋友的想法。在每一次交往中你都会有所收获、丰富知识经验,纠正认识上的偏差,获得了友谊,愉悦了身心。这样便会重树你在大家心目中的形象,长此以往,你就会喜欢交往,喜欢结群,变得随和了。孤僻的人可以从先结交一个性格开朗、志趣高雅的朋友开始,处处跟着他学,并请他多多提携。

(二)思维方式障碍

思维是沟通的基础。任何一个有目的的沟通皆始于自我。因此,自身的思维方式是影响有效沟通的重要因素。每个人都有自己的思维方式,久而久之,思维方式就会固化成思维定式。思维定式又称"习惯性思维",是指人们按照既有的、习惯的、比较固定的思路去考虑问题、分析问题。这种习惯是按照积累的思维活动的经验教训和已有的思维规律,在反复使用中所形成的比较稳定的、定型化了的思维方式。

在人际沟通中常出现的思维定式主要有两类:一是以自我为中心,具体表现为自私、自我、自大;二是片面考虑问题。这两种思维习惯分别会产生对抗性思维和局限性思维,思维定式往往会影响社交活动的开展,应该加以克服。

1. 对抗式思维定式的危害

对抗性思维定式源于以自我为中心的思维习惯。过于迷信自身思维方法的人往往是强势的,习惯于以静态思维面对各种变化。久而久之,这类人非但不了解别人,甚至不了解自己,不了解自身与现实的差距。

有对抗性思维定式的人通常既主观又武断,缺乏客观、公正、公平的态度。他们既不能正视自我,也不愿正视他人,更谈不上设身处地站在对方的角度去考虑问题。在与人沟通中,对抗性思维定式的人往往人际关系不和谐,因为他总是听不进去别人的意见,甚至给人的感觉是总在找碴,因而别人会疏远他。

2. 克服对抗性思维定式的技巧

克服以自我为中心的对抗性思维定式,需要做好以下两个转换。

(1)转换心态,即由“本位心态”转换为“换位心态”。

转换心态是克服对抗性思维定式的前提条件。“换位心态”是要学会换位思考。这是人对人的一种心理体验过程,将心比心、设身处地是达成理解不可缺少的心理机制。它客观上要求我们将自己的内心世界,如情感体验、思维方式与对方联系起来,站在对方的立场上体验和思考问题,从而理解对方,为增进理解奠定基础。

(2)转换思维,即由“对抗思维”转换为“和合思维”。

在中国的传统文化中,“和”是一个非常重要的概念,它是指一种有差别的、多样性的统一和容纳,因而有别于“同”。也正是由于这种统一和容纳才产生了世间万物。和合辩证思维产生于先秦时期。和合就是“和而不同”,将对立的双方或不同的元素、观点、立场进行统合的过程,而不是简单的是与非、对与错。长久保持“对抗思维”,一方面你很难听到真实的声音,另一方面你更不可能获取建设性的意见,这样就只有一个结果,那就是你自己把通往进步的大门给关上了。

3. 局限性思维定式

(1)局限性思维定式的危害。

局限性思维就是以片面的角度去思考问题,这种思维会导致只见树木,不见森林的结果。因而对事物的判断也会出现偏差,就像盲人摸象一般。在人际沟通中,有局限性思维定式的人很可能会固执地坚持自己的片面观点,难以接受他人的想法和意见,以至于以偏概全,故步自封。只从自身或局部的角度思考问题的人,会比较情绪化,情绪化又会影响思维的效率,从而引起沟通不畅,做事没有好效果。

在这种思维方式下,当事情出了问题,人往往倾向归罪于外界,把责任归于他人。归罪于外并发症实际上是局限思考的副产品,是以片段的方式来看外在的世界。在职场上,如果只专注于自己的职务,便看不见自身行动的影响是怎样延伸到职务范围以外的地方,当有些行动的影响回过头来伤害到自己,我们还误认为这些新问题是由别人引起的。

局限性思维定式不仅存在于个人身上,也存在于组织中,这也会影响组织绩效。

(2)克服局限性思维定式的技巧。

产生局限性思维定式的原因也很多,有个性的原因,有知识结构的原因,还有经验主义、书本主义等的影响。

①个性方面，自卑、自负、偏执、忌妒等都可能造成思维局限，如果要改善沟通，就必须通过一些相应的训练去完善自己的个性。

②知识结构的不同会使得每个人思考问题的角度不一样，因此，要想克服局限性思维，就需要多多涉猎各种知识，完善自己的知识结构，这样才能从更多角度去思考问题，也更容易与他人有共同话题，更能够产生同理心，沟通也会更加顺利和高效。

③书本主义和经验主义是使思维受限的重要障碍，一定要克服。要知道，“尽信书不如无书”，如果过分相信书本上的内容，会被读书所累，会造成“纸上谈兵”，与现实情况脱节，会被别人认为是“书呆子”而无法沟通。

经验主义也是如此，“成功不可复制”，在现在多变的环境下，唯一不变的就是“变”，过去的经验未必能用在当下。那些曾经取得成功的人，最容易因经验而使思维受限，不能够接纳别人的想法，影响沟通效果。

(3)克服局限性思维定式的有效工具——六顶思考帽。

克服局限性思维，就要学会多角度思考问题，即平行思维方式。平行思维是一个管理思维本身的一种方法。它将我们的思维从不同侧面和角度进行分解，分别进行考虑。学会将逻辑与情感、创造与信息等区分开来。训练平行思维，一个简单但很有效的方法是“六顶思考帽”。六顶思考帽是英国学者爱德华·德·博诺(Edward de Bono)博士开发的一种思维训练模式，或者说是一个全面思考问题的模型。它提供了“平行思维”的工具，避免将时间浪费在互相争执上。所谓六顶思考帽，是指用六种不同颜色的帽子代表六种不同的思维模式。任何人都有能力使用六种基本思维模式为自己打开社交局面。这种思维模式强调的是“能够成为什么”，而非“本身是什么”，是寻求一条向前发展的路，而不是争论谁对谁错。运用博诺的六顶思考帽，将会使混乱的思考变得更清晰，使团体中无意义的争论变成集思广益的创造，使每个人都变得富有创造性。这六项思考帽分别如下。

①白色思考帽。白色是中立而客观的，代表信息、事实和数据。爱德华认为努力发现信息和增强信息基础是思维的关键部分，使用白帽思维时将注意力集中在平行的排列信息上。白帽思维是一种规则和一种方向。它使得思考者在提供信息时更为中立和更为客观，利于人们去努力争取更好的结果。当戴上白色思考帽时，思考者应模仿计算机。计算机是中性的、客观的，它不提供任何解释和意见，只是以中立和客观的方式给出事实和数字。

在人际沟通中，人们举出的事实往往不经意地带着自己的主观判断，并非纯粹的事实，而且是为了达到某种目的而举出的。正因为如此，事实和数字作为证据来支持观点时，就不再客观，甚至可能会产生误解或错误的推论，导致沟通失败。如果在人际沟通中，人们都能戴上白色思考帽，就可以把关注点放在获取纯粹的事实上，不偏不倚，减少不必要的争辩。

②黑色思考帽。黑色是逻辑上的否定，象征着谨慎、批评以及对于风险的评估。使用黑帽思维的主要目的有两个，发现缺点以及做出评价。思考中有什么错误？这件事可能的结果是什么？黑帽思路是建立在理性或逻辑基础上的。黑帽思维有许多检查的功能，我们可以用它来检查证据、逻辑、可能性、影响、适用性和缺点。

人际沟通中,人们常会凭情绪、直觉等得出一些消极的结论,但却不去思考事实和理由。因此黑色思考帽提醒人们去找到理性的原因来支持消极的结论,如果找不到,那就是不合理的消极判断。总是无来由地持悲观观点或者否定观点的人是不受大家欢迎的。黑色思考帽提醒人们对于这些看似是“事实”的数字和报告提出疑问,这样,人们就会理性地思考,不轻信传言,不去以讹传讹。

③红色思考帽。红色的火焰,使人想到热烈与情绪,是对某件事或某种观点的预感、直觉和印象。它既不是事实也不是逻辑思考的结果;它与不偏不倚的、客观的、不带感情色彩的白帽思维相反。红帽的问题是:我对此的感觉是什么。红帽思维就像一面镜子,反射人们的一切感受。

④黄色思考帽。黄色代表阳光和乐观,代表事物合乎逻辑性、积极性的一面;黄色思维追求的是利益和价值,是寻求解决问题的可能性。在使用黄色思维时,要时刻想到以下问题:有哪些积极因素?存在哪些有价值的方面?这个理念有没有什么特别吸引人的地方?这样可行吗?

从态度上讲,黄帽子和黑帽子正好相反。黑帽子和否定评价相关,而黄帽子则是从肯定方面看问题,遗憾的是,否定比肯定更容易发生,而且更自然。否定性思维可以防止我们犯错误、冒风险,肯定性思维则是好奇心、贪婪以及想促成事物的强烈愿望等几种心情的合成。

在人际沟通中,如果能戴上黄帽子,人们对于他人的意见、想法,就可以摒弃过多的否定批判,而是选择肯定的方法来观察事物,把注意力都集中在关于事情的肯定方面,并从中去寻找益处,进而多产生一些建设性的建议。

⑤蓝色思考帽。蓝色是天空的颜色,有纵观全局的气概。蓝色思维是“控制帽”,掌握思维过程本身,被视为“过程控制”。我们能够用蓝帽来定义目的、制订思维计划,观察和做结论,决定下一步。使用蓝色思维时,要时刻想到下列问题:我们的议程是怎样的?我们下一步怎么办?我们现在使用的是哪一种帽子?我们怎样总结现有的讨论?我们的决定是什么?

一个乐队的指挥要求他的乐队先奏小提琴,然后才是管乐器。这个指挥就是在实行控制。他戴的就是蓝帽子。一个指挥对其乐队所做的事,与蓝帽子对思维所做的事是一样的。戴上蓝帽子,我们可以告诉自己,或者别人,该戴其他五顶帽子中的哪一顶。蓝帽思路告诉我们该什么时候转换帽子。如果思维是一段正式的程序,那么蓝帽子就是对这种约定的控制。

人际沟通中,当多人谈论同一主题时,可能会有两种不好的现象发生:一是大家意见不统一,各自发表意见,互相争执不下;二是大家虽无争执,但有人滔滔不绝,主题不明,把大家都带跑题了。这个时候,就特别需要有人能戴上蓝色思考帽来进行控制,要求大家停止争论,回归主题。

⑥绿色思考帽。绿色是有生命的颜色,是充满生机的,绿色思维不需要以逻辑性为基础,并允许人们做出多种假设。使用绿色思维时,要时刻想到下列问题:我们还有其他方法来做这件事吗?我们还能做其他什么事情吗?有什么可能发生的事情吗?什么方法可以克服我们遇到的困难?绿色思维可以帮助寻求新方案和备选方案,修改和去除现存方法的错

误;为创造力的尝试提供时间和空间。

总之,六顶思考帽作为思维工具,可以帮助我们从多个角度看问题;从全新的和不寻常的角度看待问题;从如何与他人协作的角度思考;从如何减少沟通中的对抗性和判断性思考;进而避免人际沟通中的偏差与局限,形成愉悦、健康的人际关系。

(三)其他障碍

1. 语言障碍

(1)语言障碍及成因。

语言是最重要的沟通工具,但语言又是一种极复杂的工具,有效运用语言是良好沟通的前提。但由于语言的复杂性,又使得语言运用存在诸多困难。

①语音差异造成隔阂。世界上有成千上万种语言,不同国家和民族通常有自己的语言,即使在同民族内部,由于地域的差异,语言的发音以及某些词汇所表达的特定意义也不尽相同,这些都给口头语言沟通设置了障碍。

②语义不明造成歧义。语义不明就不能正确地表达思想,不能成功沟通。主要是沟通主体在表达能力上有欠缺,语法表达欠妥和用词不当,不能清晰地表达自己的思想。比如,这份报告,我写不好。停顿不同,就表达出了两种意思:一种是表示不赞成自己写这份报告;另一种是表示自己没把握把这份报告写成功。

③专业术语引起理解障碍。沟通主体所处的行业环境及专业背景也是形成沟通障碍的主要原因之一,不同行业有不同行业的专业术语和专有名词,但这些专业术语通常只限于在行业内部及专业人员之间沟通时使用。如果沟通对象发生了变化,则应相应转换为通俗用语,以便沟通对象理解。

④不良说话习惯引起反感。如果没有养成良好的说话习惯,也会对沟通造成十分不好的影响。例如习惯用鼻音说话,声音过高或过低,语音、语速生硬,缺少应有的变化,动作过多,不恰当的肢体语音,说话啰唆,过多使用口头禅等。

(2)克服语言障碍的技巧。

克服语言障碍,作为沟通的传递方责任重大。

①合理编码。在编码前要对接收方进行详细的了解,了解他的语言习惯、专业背景等,以对方能够理解的方式来进行编码。

②准确用词。要提升自己的表达能力,注意词语搭配得当,并根据场合和沟通双方地位、品位的不同而分别选用恰当的词语,对于有歧义的词语要加以说明。

③少用专业术语。非同行之间沟通最好少用专业术语,如果遇到必须用专业术语的情况,最好要善用比喻、例子等来给对方解释清楚。

④注意说话习惯。平时说话时多加注意,按照正确的说话方式练习,可找人监督,去掉不良的说话习惯。

2. 认知障碍

(1)认知障碍及成因。

认知障碍是指认知的偏见。按照认知心理学的观点,人的认知活动是人对外界信息进行积极加工的过程。每个人的认知程度水平都是有限的、相对的,很多人都带有偏见,造成认知的偏误。在沟通过程中,信息的接收者往往根据自己的需要、动机、经验、背景以及其他个性特点有选择地去看或去听信息。同时,解码时信息接收者通常还会把自己的兴趣和期望带进信息中。这就更有可能形成与信息传递者并不一致的理解。首因效应、近因效应、光环效应(晕轮效应)、刻板印象等都是造成认知偏差的原因。

①首因效应与近因效应。

首因效应也称为第一印象作用,或先入为主效应,是指个体在社会认知过程中,通过"第一印象"最先输入的信息对客体以后的认知产生的影响作用。第一印象作用最强,持续的时间也长,比以后得到的信息对于事物整个印象产生的作用更强。换言之,就是说人们根据最初获得的信息所形成的印象不易改变。第一印象主要是依靠性别、年龄、体态、姿势,谈吐、面部表情、衣着打扮等,判断一个人的内在素养和个性特征。因此,在交友、招聘、求职等社交活动中,我们可以利用这种效应,展示给人一种极好的形象,为以后的交流打下良好的基础。

近因效应是指在总体印象形成过程中,新近获得的信息比原来获得的信息影响更大的现象。研究发现,近因效应一般不如首因效应明显和普遍。在印象形成过程中,当不断有足够引人注意的新信息,或者原来的印象已经淡忘时,新近获得的信息的作用就会较大,这就是近因效应。个性特点也影响近因效应或首因效应的发生。一般心理上开放、灵活的人容易受近因效应的影响而心理上保持高度一致、具有稳定倾向的人,容易受首因效应的影响。

②光环效应。

光环效应又称晕轮效应,它是一种影响人际知觉的因素。具体来说,就是一个人的某种品质,或一个物品的某种特性给人以非常好的印象,在这种印象的影响下,人们对这个人的其他品质,或这个物品的其他特性也会给予较好的评价。这种爱屋及乌的强烈知觉的品质或特点,就像月晕的光环一样,向周围弥漫、扩散,所以人们就形象地称这一心理效应为光环效应。

比如男女朋友之间也经常会出现光环效应。两个恩爱的人在一起,便会觉得双方身上都是优点,没有一点缺点。这就是刚喜欢一个人的时候,其实只是喜欢上了对方表现出来的某一方面的优点,然后经过晕轮效应的扩大,才觉得对方身上全是优点。

③刻板印象。

刻板印象指的是人们对某一类人或事物产生的比较固定、概括而笼统的看法,是我们在认识他人时经常出现的一种相当普遍的现象。它既有积极的一面,也有消极的一面。积极的一面表现为:在对于具有许多共同特征的某类人在一定范围内进行判断,不用探索信息,直接按照已形成的固定看法即可得出结论,这就简化了认知过程,节省了大量时间、精力。消极的一面表现为在有限材料的基础上做出普遍性的结论,会使人在认知别人时忽视个体差异,从而导致知觉上的错误,妨碍对他人做出正确的评价。

在有限经验的基础上形成的刻板印象往往带有消极的性质,会使人对某些群体成员产生偏见、歧视。我们经常听人说的"长沙妹子不可交,面如桃花心似刀",东北姑娘"宁可饿着,也要靓着",实际上都是"刻板印象"的表现。刻板印象并不能代替活生生的个体,因而"以偏概全"的错误总是在所难免。

(2)克服认知障碍的技巧。

虽然认知偏误普遍存在于人际沟通和交往中,我们也应该克服不同的认知偏差。与陌生人沟通时,要注意自己的仪容仪态、言行举止,给别人留下一个好印象;与自己较为熟悉的人沟通时,要时刻留意自己的行为,并根据行为作出调整。与人交往中,不要被别人的第一印象所迷惑,也不要加上自己未经证实的想法和推断。对于固有的认识,不要一味地遵循,应该与时俱进、开拓创新,及时更新自己的观念和想法,这样才能有效地克服认知偏差。

3. 地位障碍

(1)地位障碍及成因。

地位障碍是指沟通双方因地位的差异而造成的心理沟通障碍,这种情况在组织中上下级之间的沟通最为明显。

一般来说,向上沟通在实际中有不少障碍。心理研究表明,下级在向上级汇报工作或主动沟通中,常常会有担心说错、怕承担责任、焦虑等心理,致使沟通常常在紧张的氛围中进行,形成沟通障碍。

在向下沟通的过程中,主动沟通的是上级,虽然会受到欢迎,但毕竟有时会居高临下,造成下属的压迫感和紧张,也会形成沟通障碍。

平行的沟通虽然地位的差距不大,但并不会有地位完全相等的两个人,位置职务的重要与否、职称的高低、资历深浅、组织中成员的认可度等,都会多多少少形成地位的优越感、重要感或压迫感、低下感,从而引发心理障碍,造成沟通的不畅。

(2)克服地位障碍的技巧。

克服地位障碍,关键在于消除下级或地位较低一方的心理压力,这就需要上级或地位较高者的努力,因为他们在沟通中占主导地位。作为地位较高者在沟通时应注意以下几点。

①有平等意识。虽然地位较高、拥有权力,但不可对下属或地位较低者轻视,或滥用权力,只有平等地对待他们,才能树立自己的威信,使他们佩服自己,激励下属与自己精诚合作。平等待人,是沟通和人际关系的前提和基础。

②主动沟通。组织中地位较高的人,要主动与下属沟通。向下沟通易,向上沟通难。因此,在管理中非常强调"走动管理",即高阶主管要经常抽空前往各个办公室走动,以获得更丰富、更直接的员工工作问题,并及时了解所属员工的工作困境。

③关心下属。上级要关心下属,要发扬民主作风。既主张和允许下属报喜,更提倡和鼓励下属报忧;不仅要了解下属工作上的难处,更要了解下属其他方面的需求与不便;平易近人,不耻下问,适时地表露自己的弱点,不仅不会有失体面,反而会拉近和下属的心理距离。这样才能为有效沟通奠定一个良好的基础,也不会因误解而产生对下属错误的评价。当然,作为下属则更应该实事求是,不辞辛苦,为上级提供真实有效的信息。

4. 环境障碍

(1)环境障碍及成因。

环境障碍是指人们在所处的沟通环境中存在的障碍,主要包括氛围障碍和渠道障碍两个方面。

①氛围障碍。氛围障碍是指沟通中有些不合理的因素影响沟通效果,具体说来包括四

个方面：一是沟通环境中有干扰因素，如销售员拜访女性客户时，她的两岁孩子会不断跑来打断对话；二是沟通地点选择不当，如选择了过于公开的场合去谈比较个人的问题；三是沟通时机选择不当，如一方工作非常忙碌的时候或一方情绪不佳的时候，沟通效果会大打折扣；四是双方不良的沟通行为，如传递方对接收方的反馈不敏感，接收方不能仔细聆听、总插话，沟通过程中不断接打电话等。

②渠道障碍。渠道障碍是指沟通过程的信息传递渠道受阻或不通畅，从而影响沟通的效果。具体说来主要包括两个方面：一是沟通渠道过长、环节过多，导致信息失真。日本管理学家在实践中证实，信息每经过一个层次，其失真率为10% ~15% 。二是沟通媒介选择不当，电话、电邮、书面文件、面对面、会议等各种方式都可以沟通，但要选对方式，否则就会影响沟通效果。

(2)克服环境障碍的技巧。

克服环境障碍，主要是创造一个良好的基础环境。沟通地点要合适，要有整洁的环境、必要的设施等，最主要的是要有适合沟通的话题；沟通时机要得当，切不可在激情状态或情绪不佳的情况下沟通，有些人会被情绪所左右，喜欢根据主观判断去推测对方的意图和动机，猜测对方的“言外之意”“弦外之音”；事先排除各种可能的干扰因素，如噪声及其他人的打断。保持良好的沟通行为，双方都要有同理心，掌握聆听和接收并回应反馈的技巧，尽量关掉手机。

克服渠道障碍，就要尽量缩短渠道、减少中间环节，尽可能地让当事人去直接沟通，千万别一层一层地“传话”；同时，要选择合适的媒介，从沟通效果上看，复杂的问题最好采用面对面沟通的方式，因为这样才能看到对方的肢体语音，及时得到反馈，从而得到全面信息并调整沟通策略。

二、沟通与合作

(一)合作前的沟通技能

1.合作前，自我认知与沟通

在沟通中，我们往往在意他人的作用，尤其是副作用，而忽视了自己在沟通中所扮演的角色。与客户的沟通是错综复杂的，总会不经意间游离到我们的控制之外，甚至让我们焦虑不安。而细想其中缘由，很多是因为“自我”出了问题。因此，在沟通中，首先应该认知的便是“自我”。只有正确的自我认知，才能保证高效的人际沟通。

在自我沟通中，沟通者不需要与他人接触，但看待自己的方式必定要受他人的影响。看待自己的方式也将影响自己看待他人及周围环境的方式。例如，如果某一天你感觉很好，你可能会以一种肯定的方式看待自己。如果领导对你的工作结果表示失望，或者你与同事之间发生了矛盾，你可能会把注意力集中在失败或气恼的感觉上，会以一种否定的方式看待自己。

在自我认知中有这样一种方法，该方法通过结合别人对自己的意见，加上自己对自己的评估，综合起来，便构成了心理学家鲁夫特和英格翰所提出的“乔哈里窗”。

第一扇窗是开放领域，把自己、他人了解的优缺点都列举出来。我自己认定如此，别人也持有同样的看法，有目共睹，人知我亦知，开放的无所隐瞒。

第二扇窗是未曾留意的盲目领域,别人看出的优缺点,自己竟然有所不知。包括自己不自觉的怪癖和习惯,往往不经他人指点,自己并不清楚。

第三扇窗是自己清楚而别人尚未察觉到的隐藏领域,属于人所不知的部分,如有缺点,正好可以赶快改善。

第四扇窗是自己和他人都不清楚的未知领域,反正只有老天知道,暂时可以不必管它。

把这四扇窗都填写清楚,便可以逐一加以审查,进行自我认知与沟通。

在与客户沟通前的自我沟通、自我认知,不仅包括“自己”还包括自己所在的“组织”。参考“乔哈里窗”方法,在进行自我认知时可以分为“自己”与“组织”两个维度。

当今社会,无论是个人间还是组织间,无论是国内竞争还是国际竞争,只要有两人及两人以上的地方,往往就会形成强弱之分。针对个体与组织的认知,一定也存在强弱划分。当个体处于不同的状态,组织又处于不同的状态下,如何有效地进行客户沟通、开发客户,关键在于自我沟通能力。

(1)个体强、组织强。

当个体能力强、组织市场竞争力强时,我们理所当然地能够获取客户订单,在市场中占据一定份额。但怎么样才能持续扩大客户群体呢?这个关键在于“强而不霸”。与客户沟通时,我们要拿出最高的诚意,尊重每一个合作者。

生活中,有这样两种截然相反的人,有人生怕别人舒服,尽量让别人不舒服,只要自己舒服就行。还有一类人生怕别人不舒服,尽量让别人舒服,哪怕委屈自己。平时人与人之间的沟通交流,磕磕绊绊,到处充满着不舒服的感觉。在与客户沟通过程中,即便你很强大,如果你不让客户舒服,客户就会让你不舒服。你让别人舒服的程度决定着你成功的程度。

“三十年河东,三十年河西”。在激烈的市场竞争中,没有哪一家企业能够长久强大。为使企业长盛不衰,唯有加强客户意识,尤其在企业强大时,更不能忽视与客户的沟通。

(2)个体强、组织弱。

个体强、组织弱的案例常见于初创型企业,由于企业处于初创期,组织名气、产品的客户粉丝都处于较低的阶段。但初创期企业有创新、创业活力,该活力来源于组织中的每一个个体。初创期企业在发展客户关系时,应更多地展示创业者的个人魅力及产品的可靠性与实际性,依靠真诚与活力感染客户,进而培育发展客户关系。“弱却有心”,多展示自己的优势。

(3)个体弱、组织强。

根据组织生命周期理论,组织经历了创业时的弱小期,发展到后来的成熟稳定期,就会变得愈发强大。但当组织强大时,其员工未必强大,尤其是这个组织的新人。这时应该如何开展有效的营销工作才能完成“个体弱,组织强”的工作任务呢?其关键之处就是建设员工强大的内心。

作为一名营销人员要清楚地认识到,在与客户沟通前,最先展示在客户面前的不是产品,而是自己。因此,每一次沟通都以成功地将自己销售出去作为前提。有时候不是销售任务太艰难,而是我们对自己失去了信心,我们自己选择了放弃,销售人员在客户开发过程中要展现出充分的自信,有销售的信心。虽然有信心未必就代表着成功,但失去信心一定不会成功。

①自信源于对产品的深知。销售人员在进行销售工作前,一定要了解自己是在进行一项怎样的服务,自己的服务能够在哪些地方给客户带来帮助,充分了解销售产品的功能,切

忌一问二不知，东拉西扯，避重就轻，这样会让客户感觉自己很不专业。

②小事容易让人不自信。营销人员应随时留意自己的身体状态，在生活中，我们很多时候被一些小事困扰，小事会让人变得不自信。恰恰是这些微不足道的小事，组成了影响营销员工销售成功的因素。如果这些小事一直阻碍着营销员工的成功，会让人觉得自己总在关键时刻掉链子。久而久之，自己也会形成这种观念，导致不自信。

③建设强大的内心。在与陌生人接触前要先建设自己强大的心理。与陌生人接触，不要给自己太大压力，尤其当自己有求于人的时候，不要有“一次拿下”这种不切实际的想法，也不要强迫自己一定要被别人喜欢。不要给自己太大的心理负担，这样不利于自己的成长。

社会心理学家说过：“人并不是因为害怕而逃跑，而是因为逃跑而害怕。人并不是因为伤心而哭，而是因为掉泪而伤心。”这是因为远在受到刺激而意识到身体的变化时，心理变化会引发恐惧、悲伤、愤怒的情感。懂得了心理这些微妙的变化，就可以做出适当的调整。在与人初次见面时，如果步伐沉重，会更感到不安；如果步伐比往常轻快，可以缓解自己不安和紧张的内心，心情也能放松。

(4)个体弱、组织弱。

在强者制定规则的市场竞争格局中，弱者须在夹缝中生存。在与客户接触、沟通时，多数客户会对你不屑一顾，个别客户在与你接触后会以各种问题刁难你。当你处于弱者身份时，客户很少去考虑你的难处，想怎么修改订单合同就怎么修改，他们认为你就应该满足“上帝”的一切要求。

当身处弱者地位与客户沟通时，首先，要注意的就是保持平等意识。你与客户身份是平等的，不存在尊卑贵贱之分，即“面对客户有礼有节，身处卑微不卑不亢”；其次，要有坚守这份事业的价值观作为支撑，鼓励自己；再者，要有勇气，相信自己，在客户沟通中永远没有失败，只是暂时还未成功。

弱者回避压力，强者直面挑战。个体弱、组织弱恰恰是个体锻炼的最佳平台，强者能够直面挑战，解决困境，完成组织交代的任务。

2. 合作前，认知他人与沟通

合作前自我认知固然重要，但更重要的是认知他人。复杂的商业活动中，我们会遇到形形色色的客户。所谓“知己知彼，百战不殆”就是强调合作前认知他人的重要性。

1)主动帮助他人。

有一位推销高手曾经说过：“怎样才能把产品卖给客户？我只告诉你一句话，只要你能帮客户解决问题，你的产品就卖出去了！”在客户需要帮助时，在自己力所能及的范围内，应当给予客户最好的帮助。

开发客户的过程就是通过沟通建立关系的过程。自古以来我们的文化推崇“人情”“面子”在与客户沟通的过程中，照顾客户的面子，让客户感觉到公司的人情味，对企业与客户关系的建立是很有帮助的。人情味是让营销人员最难以舍弃的，个别客户在遇到困难的紧急关头得到了营销人员的帮助，这就超越了简单的客户与企业之间的交易关系。因为这在人情交往中属于“恩情”的范畴，我们对提供帮助的人叫做“恩人”。

在《世界上最伟大的销售员》一书中有这样一段话：“我要爱所有的人。仇恨将从我的血管中流走。我没有时间去恨，只有时间去爱。现在我迈出了成为一个优秀的人的第一步。

有了爱，我将成为伟大的销售员，即使才疏学浅，也能以爱心获得成功；相反，如果没有爱，即使博学多识，也终将失败。”

从这段话中我们可以看出，销售员要想销售成功除了必须具备的技巧技能之外，还必须具备一个爱人之心。如果你能够让客户或潜在的客户感觉到你的关爱与帮助，那么你的销售就会无往而不利。

2）与不同类型的客户沟通。

销售人员除了销售产品外，还有另一职能——服务提供者。作为服务提供者，在日常生活中会遇到各种各样的客户，面对不同的客户，营销人员应采用不同的方式了解其需求，寻找解决问题的最佳方法。

（1）当遇见说外语的客户时，由于他们与你所在的国家和地区不同、文化背景不同，营销人员可能难以清楚地了解他们的需求甚至产生误解。面对这种类型的客户，作为服务提供者，应该做到：

①要能听懂客户所说的话。

②了解客户所在地的文化背景，包括价值观、信仰和风俗，尽可能避免产生误解。

③运用恰当的方式与客户交流，了解和满足客户的需求。

（2）有些焦急的客户往往要求服务人员马上为其提供服务。这时，应做到：

①急客户所急，用行动证明你在替他着急，并努力地想办法解决问题。

②如果能迅速地提供服务，应在最短的时间内满足客户需要。

③如果不能马上提供服务，回复客户时，应给自己留下富裕的时间。

（3）有时服务人员会遇见被意料之外的事弄得烦恼不已的客户，此时他处于混乱状态，不能清楚地说明问题且不停抱怨。这时，应做到：

①引导客户说明他们的需求。

②认真倾听客户谈话，通过提问，给客户补充细节的机会。

③客户说完后，你应进行总结性复述，让客户了解您已经完全明白事情的经过。

④帮助客户解决问题。

（4）难对付的客户主要有生气的客户、不讲道理的客户、犹豫不决的客户和由于使用不同方言和语言引起误解的客户。应对难对付的客户时，应做到以下几点：

①不要陷入负面评价。上面几种类型的客户，他们通常都是心烦意乱，借机发泄不满，可能碰上谁就向谁发泄。一方面他们想宣泄他们的情绪，另一方面他们想让人解决他们的问题。因此，尽管客户对你发火，但你一定要记住，你仅仅是他们的倾诉对象，不要把愤怒的情绪个人化。如果你对客户产生了负面评价，会影响你对客户的态度，不利于问题的解决。

②如果把发泄看作是浪费时间，不了解客户的感受就试图解决问题是难以奏效的。当客户发泄时，如果你试图阻止他们表达情感，反而会使他们恼羞成怒，因此最好的办法就是保持沉默，不要打断客户的发泄，并且要让客户知道你在聆听，通常做法是不断地点头、保持眼神交流、不时地说“嗯”“啊”。

③移情于客户，就是能够站在客户的角度，真正地理解客户的感受。移情作用时你虽然已经意识和明白客户的感受，但没必要非得赞同他们，你只需要客户知道你明白他们的感受就可以了。通常的移情用语有“我明白您为什么觉得那样”“我完全理解您的意思”“那一定

非常难过”“我理解那一定让人心烦意乱”等。当然，说这些话时，语气很重要。虽然你所说的都是正确的、合理的话，但如果用冷冰冰的语气表达，会使客户觉得这些话不算真诚。因此要用真诚、热情的语气表达你对客户的理解，这样你会收到更好的效果。

④当你已经让客户发泄完，待他们的情绪稳定后，你就可以通过提问的方式，主动帮助客户解决问题。在提问时，一定要注意听他们讲的每个细节，不要自下结论，反复核实客户告诉你的所有情况，保证你能完整、准确地了解客户的问题。

知道客户的问题以后，你应清楚地表明你要怎样解决这个问题，让客户明白你在尽最大努力保证他们获得一个正确地解决问题的方法。如果你不能满足客户的需求，你也最好能为其提供替代方案。如果你没有替代方案，就应向客户解释为什么你不能满足他们的需求，并告诉他们在什么情况下客户的要求有可能被满足。在解决上述问题的过程中，尽量与客户协商，让他们知道你已按照公司给你的权限尽了最大的努力。

⑤你可以通过电话、电子邮件或信函等方式了解解决方案落实的情况，客户是否感到满意等。如果客户满意，你就可以提高公司在客户心目中的地位，他们可能成为公司的长期客户。如果客户不满意，你应继续寻找一个更可行的解决方案，满足客户的需求。有效地跟踪服务，可以避免同类问题的出现，并能及时解决新出现的问题。

(5)生理上或心理上有残疾的客户，往往有特殊的需求。在为他们服务时，一定要尊重他们并积极为他们提供帮助。你应做到：

①不要用瞎子、瘸子、弱智等词而应称呼他们的名字并用得体的称谓。

②周到热情地提供服务，多为客户着想，如饭店应为盲人客户提供盲文菜单等。

3. 强势竞争者的弱点

在激烈的市场竞争中一定会存在强弱之分，但在强者制定规则的市场中，真的没有其他商机或空间可循吗？其实不然，人无完人，强者也有其弱点，只要抓住强势竞争者的弱点，及时冲击其弱点。我们就能成为市场竞争中的沟通强者。

竞争对手若已经出招让你陷入劣势地位，你就不能退缩和回避矛盾，要选择“进”的战略，及时找到对方的弱点，果断迎击，掌握主动权。当面对强手竞争对手时，一定要冷静，不要在意一时的得失，而要尽力去找对手的“最佳缺陷”找到对手力所不能及的地方，为了了解竞争对手，销售人员可以从下表5-1所示的7个方面入手进行相关信息的收集，并将这些信息进行分析整理，找出自己企业的优势所在。同时销售人员应给每一家同类公司建立档案，并进行比对和追踪，制订符合市场要求的销售策略，从而打败竞争对手。

表5-1

竞争对手名称		联系方式	
		公司网站	
项目/内容	具体内容	了解途径	我公司的优势与不足
产品策略	技术含量、质量、主要性能、所使用的原材料、更新换代的周期、艺术水平、主要卖点等	(1)直接或间接询问当地经销商； (2)询问有关维修人员、促销人员等； (3)直接进行“公众调研”； (4)当地媒体报道了解	……

续上表

竞争对手名称		联系方式	
		公司网站	
项目/内容	具体内容	了解途径	我公司的优势与不足
服务策略	服务政策、服务承诺、服务质量(服务兑现情况)	(1)找售后人员了解; (2)找促销员了解; (3)收集媒体报道,如上网查询等	……
价格策略	竞争对手的总体价格水平,每个细节产品的不同价格标准,价格定位、价格调整频率与力度,进货价、零售价与结算价,返利之间的相互关系等	(1)各销售员最好有计划地记录对手一定时期内的所有价格; (2)实地考察,并要求促销员时刻关注对手的价格; (3)直接找商家询问	……
促销战略	(1)促销的频率与力度; (2)促销的形式与内容; (3)促销的成效及对品牌提升的好处; (4)促销对企业员工、商家信心的提高	(1)本企业销售员之间的沟通; (2)商家; (3)促销员; (4)各种媒体的宣传	……
品牌传播	(1)当地的广告宣传投入情况; (2)终端卖场的产品陈列、展示; (3)在当地的曝光率及百姓心中的品牌形象	(1)经销商; (2)本企业的一线销售人员; (3)终端销售员; (4)亲临市场勘察	……
渠道策略	(1)渠道政策:自建营销网络、直销、建专卖店、电话营销等; (2)渠道政策调整的频率和力度; (3)新建渠道、维护渠道的举措	(1)与本企业销售员多沟通、多了解; (2)多与商家沟通; (3)通过上网搜索有关竞争对手的渠道信息	……
人力资源	(1)对员工培训、教育是否到位; (2)厂家和商家关系是否融洽; (3)各种规章制度是否完善,特别是销售制度、策略; (4)员工工作时候信心满怀、热情高涨	(1)实地考察对方促销员的能力等; (2)从经销商口中了解相关信息; (3)借助其他途径了解,如与同行交流、媒体资料的收集等	……

4. 合作前,开发与黏住客户

(1)开发客户。

①充分记录客户信息。充分了解客户的信息,掌握与客户有关的详细资料可以帮助我们在开发客户中占据主动地位,顺利地开展工作从而收到事半功倍的效果。

知己知彼,才能百战百胜。一个人即使临场发挥能力再好,随机应变能力再强,如果对客户一无所知,或认识错误,将永远无法打赢胜仗。因此,在拜访客户前无论是查资料,还是询问知情人士,一定要想方设法摸清客户的“底细”才能有备无患。

与客户沟通时,应积极与客户接触、掌握详细的客户信息,但要把握适度的原则。如客户的生活,尤其是对其家庭生活不应该过细的调查,这样往往会适得其反,引起客户的不满。经济收入方面也是如此,不能过多地涉入客户的经济领域,这样会让客户感觉没有安全感,但营销人员在与客户沟通时,可以就彼此之间的共同爱好和知识话题进行对话,这样既不会让客户感到啰唆,又能增进彼此之间的友谊。

②冷漠可能被真诚打动。所谓“精诚所至,金石为开”,再难沟通的客户,如果你用真诚相待,都会收到理想的效果。

③先沟通感情,再沟通事情。在开发客户的过程中,很多销售人员满怀热情地去与客户沟通,常常一开口就遭到拒绝。大多数客户不是说没有时间就是说对你的产品不感兴趣,之所以遭遇这样的尴尬,是因为要么客户真的没有时间,要么客户对销售抱有抵触心理,如何避免一开口遭到拒绝呢?

既然客户强烈排斥销售,那么就先不谈销售产品的事,先把客户的注意力从销售上转移,争取客户的好感与信任,然后再谈销售就会容易很多。

接触陌生人的时候,要努力营造出一种愉快轻松的氛围。在沟通的时候,要随时留心对方态度的变化。

④循序渐进与客户沟通。学会观察。观察客户的装束,学会用什么样的姿态来接近客户。例如看到客户穿运动品牌的衣服,大概判断出这个人喜欢放松的交谈;如果客户穿的是很正式的西装,那么与其聊天可能要保持一种认真、正派的态度。

注意信息的交流。营销人员需要先敞开自己的心扉,可以先自我介绍,再去请教客户的姓名、职业,然后试探性地引出彼此都感兴趣的话题,毕竟与陌生人接触如果不先做介绍就询问对方情况,可能被认为是一种试探。一般情况下营销人员在哪方面介绍了自己的情况,客户也容易就这方面谈个人的情况。

注意倾听。学会倾听是所有营销人员的必修课。在对方叙述的过程中,一定要保持认真倾听的状态,不要随意打断别人说话。应该及时回应,如一句“真想不到,您说的这一点太有趣了”会让对方觉得自己很愿意听他的讲述,因此在第一次谈话时就会有种相识已久的感觉。

与客户循序渐进沟通也是掌握客户购买心理的过程。客户在购买过程中,会有一个较为复杂的内心活动过程。

⑤产品质量是会说话的。企业应该对客户的需求有基本的认识,即客户需要购买的永远不是便宜的价格,而是产品价值。企业不应为了蝇头小利而放弃产品价值开发,不能以次充好打价格战。企业是要为每个客人提供百次的服务,而不是一次性交易。企业应在保证质量和价格成正比的基础上,给客户带来更完善的服务体验。

(2)客户黏性。

①客户分类。客户开发工作后,首要的工作就是将客户分类。将已掌握的客户信息通通转化为可视材料,如文字、照片等。将客户的照片与信息分门别类地贴在最显眼的地方,方便自己随时查看。一般可以将客户分为以下几大类:最重要的客户、最头疼的客户、最稳

定的客户、最具潜力的客户。对最重要的客户应给予最大的优惠条件与服务以便企业长期合作;对最头疼的客户应有足够的耐心,给予客户最大的理解与支持,担当客户的“垃圾桶”“加蜜罐”“警报器”,找准客户的“痛点”深入合作力度;对于最稳定的客户应学会“礼尚往来”的关爱,关心客户需求。

②利用技术进步拓展客户。把握人们对某种商品的“渴望”周期,使用的商品坏了或使用者不喜欢了,他们希望拥有最新、最精彩、最耀眼的顶级商品来赢得赞叹和身份象征,这时销售人员就有销售机会了。

利用人们不希望拥有旧式产品的心理,赢得客户。除非是收藏家,而且老式产品是古董或经典样式,否则几乎没有人希望真正拥有旧式商品。

当企业有了新产品,不单是产品价格或者外观上有了新的变化,销售人员就应该与客户再次联系。在联系的过程中要注意与客户沟通的技巧。

③与老客户寒暄。很多销售人员认为自己和客户之间就是简单的契约关系,客户只要签完约,就和客户再无瓜葛,所以当他们再次遇到老客户时,也就没有了对待新客户的那股热情,主动寒暄的意识更是全无。作为销售人员如果抱着这样的心态去和客户做生意,那做的恐怕只能是一次性买卖,不会再有回头客的。其实,寒暄不仅能拉近我们与新客户之间的距离,还能使我们与老客户之间的感情更进一步。

如果说与新客户寒暄是一种打消彼此防御心理的办法,那么与老客户寒暄就是一种礼貌,这在黏合老客户中是一个比较实用的技巧,只有先联络了彼此之间的感情,才能更好地进入主题。

(二)合作中的沟通技能

1.合作的第一句是赞美的话

著名人际关系专家卡耐基在《人性的弱点》一书中指出:“每个人的天性都是喜欢被赞美的,每个人都需要被他人认可,从他人的赞美中能够看到自我价值,即自尊心得到满足。”俗话说得好“予人玫瑰,手有余香”。一开始就向客户真诚地表达赞美之情时,客户也能够快速地获得正向的能量,并保持愉悦的心情,那么在接下来的沟通中,也就自然而顺畅不少,所谓“伸手不打笑脸人”就是这个道理。

在与客户的合作中,赞美往往具有“化干戈为玉帛”的力量,每个人都有被重视、被赞美的欲望,客户在收到赞美时,往往更能体谅你,从你的角度考虑问题。在所有的语言中,赞美之词是语言的钻石,当今社会赞美不但会让你成为人际交往的高手,更可能在合作中帮你谈成一笔大单子。

然而赞美需要注意“度”,即针对不同的客户选择适当的赞美目标和赞美方式,赞美必须诚心诚意、把握好分寸,千万不可超过客户所能忍受的程度。如果只知一味地信口开河和胡乱吹捧,却不关注客户的反应,那么只会让客户觉得虚情假意,赞美过火的结果也只能是弄巧成拙,因而赞美要把握“度”。

刚开始时,客户听到别人对自己的几句贴心赞美后,心里定然美滋滋,很受用。可是如果赞美者不懂得适可而止,喋喋不休地赞美,越扯越远,最后把对方的好心情也扯走了,甚至会使对方不胜其烦。这就是在赞美客户时没有把握好“度”的情况。

2. 谈判过程中用心找证据

合作过程中,谈判很重要。需要很细致地研究对方的优势和劣势,这样才能收集到真正有用的信息。在谈判过程中,你需要像警察,像法官一样,拿出证据证明你有价值。谈判的过程就是证明对方需要的过程,也就是找证据、找信息的过程。

合作过程中难免会发生冲突,一般认为冲突对合作具有消极作用,因为处理冲突需要耗费一定的人力、物力和时间。如果处理得不合理、不及时,将对合作造成难以挽回的影响。然而冲突也具有正面和积极的作用,冲突可以将问题及早暴露,以便用较低的代价及时处理两者间的矛盾及障碍。概括下来,客户冲突可能会出现以下情形:

(1)销售人员态度不好。客户都有一种自我为上帝的心理,当“上帝”感受到为其服务的营销人员态度不好时,难免会产生冲突。

(2)产品质量存在缺陷。客户消费是购买服务,一旦产品出现问题,冲突不可避免。

(3)拖延产品交付时间。在约定的产品交付期内未能及时向客户交付产品。

(4)营销人员夸大其词。主要表现为客户付款前后感受的服务差距大,客户产生心理落差。

当发生冲突时一定要谨慎处理,并找出冲突原因。平时应加强营销服务人员业务培训,强化沟通技能,避免造成损失。

3. 合作中,认识差异并及时应对

在与客户沟通合作的过程中会遇到很多障碍。客户来自不同的家庭,甚至不同的国家,受到的教育程度不同,他们的价值观、信仰等都存着众多差异,与客户合作的过程就是找差异的过程。具有一定沟通能力的人,能够提前认识这些差异,并能很好地尊重彼此的差异,从容地开展有效沟通与合作。

(1)立场差异及应对。不同立场所产生的“甲方”与“乙方”在利益驱动时极易对立。因而在涉及利益时,双方都会形成本位主义,考虑自我和小团体的利益。利益受损方会坚持其立场不让步,既得利益者则会费尽心思。负面情绪极易在沟通过程中随意宣泄,使沟通过程中的对抗性更加激烈与复杂。在利益博弈时,应先将问题接住,不可以上来就予以否定,那样只能把消极情绪调动起来,对于沟通的最终目的毫无帮助。

(2)年龄差异及应对。随着现代科技的迅速发展和社会环境的极大变化,每代人的网络运用能力和思维方式较前人而言有很大变化,进而在与非同龄人沟通中自然而然地会产生障碍与困难。一直以来有这样一种说法:“80 后”不好沟通,可是“80 后”的人又说“90 后”的人不好沟通,“90 后”的人又说“00 后”的人更难沟通。“前人”总是会抱怨“后人”跟不上自己的节奏。俗话说三年便有代沟,可见年龄的差异确实会使沟通变得没有那么容易。与新生代客户沟通时,可以从以下两方面着手,提高沟通质量。

①尊重差异,换位思考。

新生代客户相较而言社会经验稍有欠缺,对新环境、新圈子会不自觉地产生一种畏惧的情绪。这种情绪自然也会体现在沟通环节上,因而,在沟通前可以换位思考,打消他们的畏惧感,并根据实际情况调节他们的情绪和价值认同。

②与时俱进,选择渠道。

新生代客户在网络越来越普及的现代社会中成长,对于新生事物的猎奇心理较重,应用网络的能力更胜一筹,可以说新科技时代是年轻一代的天下。因此,在选择与客户沟通时,可以适当地通过新生代客户喜欢和依赖的网络方式进行交流,如微信、抖音等,甚至可以建立小型内部社会化网络平台。这些方式能够让新生代客户产生亲切感,有助于了解新生代客户的需求。

(3)性别差异及应对方式。男销售人员常常有“跟女客户说事情怎么这么麻烦,这么不好沟通呢”之类的想法,而女销售人员又常常发出“为什么他们总是不能了解我的良苦用心呢?”等感叹。由于性别差异,男人和女人在沟通交流方式上天差地别,这种差别不仅造成了不少不良沟通,矛盾与误会也应运而生。

在沟通目的、沟通习惯与沟通结果等方面,男人和女人之间都大有不同:在沟通目的上,男人说话做事大多是为了解决问题,目的性较强。而女人大多是为了沟通情感希望建立良好关系。在沟通习惯上,男人喜欢先讲结果,很快抓住重点,马上解决;而女人则强调过程,将事情从头到尾说起,最后归纳出事情的结果及原因。在沟通结果上,男人注重宏观层面,只要目的达成,很少吹毛求疵;而女人则关注微观细节,要求细节全部都完善。在与异性进行沟通时,应当理解对方的差异,并自我调适,否则,便只能在沟通失效时,发出一句“女人来自金星,男人来自火星”的无奈感慨。

(4)文化差异及应对方式。中华文明五千年,在时间和历史的沉淀中,文化给中国人烙上了深深的中国印记,而这些印记也体现在中国人为人处世的方方面面,“含蓄文化”与长官意识在中国客户沟通中随处可见。“言多必失”“先说先死”“会上发表的意见不要太当真,会下交换的意见一定要认真”等便是最好的体现。

①含蓄文化。

沟通的重要性不言而喻,而深处含蓄文化氛围中的中国管理者们,对于沟通的理解更多地只能靠“悟”。其中的痛苦只有自己知道,往往很多时候是“悟”出来了,但是错过了机会。

自出生起我们便生在含蓄文化的氛围中,从社会文化的习惯来说,中国的家庭里夫妻之间比较不善于在别人面前表现出私人的感情,特别不习惯于表露相亲相爱的情绪,觉得过分肉麻,所以夫妻关系显得清淡些。做父母的,对自己的孩子也比较少当面夸奖、说好话,表露喜爱的情感,亲人之间好似有距离。不过这些都是中国家庭的情感表达方式。与之相反,有些民族,比如意大利人,则习惯于表露感情,男女夫妻在别人面前也毫无拘束地热情拥抱、大胆表露喜爱、生气等各种感情。这是文化习惯造成的不同交流方式。

在我国,推销员在开口说话前要谨慎小心,努力推销弦外之音。很多时候我们心中有话不一定要说出来,而要等着对方来猜,就算我们勉强说出来,也可能说得含含糊糊、不清不楚。而当我们说得很肯定的时候,对方就更小心了,因为说得斩钉截铁也未必是真话。不了解的人很难明白我们的真正意图,自然也就造成了沟通障碍,因此要通过察言观色来沟通。

察言,说话的速度、说话的音调和说话的节奏等,能帮助我们揣摩对方的心理。说话的速度常常反映一个人的心情,说话快的人,突然慢下来,那么他可能有些不满;而说话慢的人突然加快语速,可能是在说谎和或者心中怀有愧疚。一般人在说谎时,由于害怕事情被揭穿,音调会不自主地提高。同时,为了反对他人的意见,也有可能提高自己的音调。说话的节奏也有一定规律。节奏比较顺畅时,说明他很有信心;若张口结舌、吞吞吐吐说明他缺乏自信。喜欢重复说话者的言辞表示自己一直在注意听;一边说话一边点头,表示全神贯注、心无旁骛;自问自答的人多半相当顽固。

要准确作出这些判断,最好这样提醒自己:每个人的观点都不太一样,必须要加强沟通,促进了解,把对方的价值观和人生观摸清楚,然后再判断才会比较准确。特别是对一些精于世故的人,喜怒不形于色,很难从其表情中看出其心理活动。所以若非经过多次观察,最好不要轻率地对人加以判定。

观色。既要听他的话,又要看他说话的样子,综合判断才可以决定信或不信,表情比语言本身更能表达内心的动态。在人类的五官中,眼睛是最敏锐的,也是最诚实的。而我们的面部肌肉就像拼图一样,可以分成一块一块的,根据他们的移动情况,分析"拼图"主人的情绪,喜怒哀乐都可以从中看出来,并且这些肌肉也会"说话",告诉我们它的主人对对方的态度。舒适柔和的脸部表情能够增添人的魅力,相反,就会使人不舒适。当我们与人沟通时,自己也处于被观察的位置,这就需要我们注意面部表情了。心理学家研究发现,一个长时间的微笑(持续0.5秒)比一个短时间的微笑(持续0.1秒)显得更真诚和更有魅力。

②尊重接纳不同文化。

来自不同文化背景的人,沟通起来会有比较大的障碍。现在,外资企业纷纷涌入中国市场,越来越多的中国人在外资企业工作。中国商人与外国商人开展业务的情况越来越普遍,中外文化的差异常常影响着双方的沟通效率。

差异的确会引发沟通中的不愉快,多了解其他国家的文化习俗,妥善避免因文化背景的不同而产生的误会和冲突是跨文化沟通的重点。跨越文化沟通需要开放和包容的胸襟,需要个体认同、尊重文化差异。这一点说起来很容易,但做起来却很难。很多人会抗拒文化差异,看不惯与自己文化传统不同的东西。其实,从全球范围来看,中华文化只是人类文明的一个分支,大千世界因为有差异,才异彩纷呈。当个体认同并尊重彼此之间的文化差异时,沟通才会更加顺畅。

4.合作中,请客户吃饭是门学问

中国历史悠久,文化博大精深。商场宴请,实质是把双方谈判桌上的敌对关系转移成饭桌上的伙伴关系。

请客户吃饭应该是销售员工作的一部分,许多没有达成的协议可以在饭桌上达成;许多合同细节上的争议,可以通过吃饭解决;许多没有谈成的业务,可以通过一顿饭来谈成。因此请客户吃饭在销售员的工作中是非常重要的。可许多销售员因为不懂得与客户吃饭的技巧,反而适得其反,不仅花了钱还把事情办砸了。

(1)谨慎邀请。当自己和所在公司及产品都没有得到客户认可的情况下,就草率开口请客户出来吃饭,会被客户认为成"庸俗""草率""急功近利"。这些标签一旦被客户打上,销售人员给客户的印象就很难修复。好的销售员在请客户吃饭之前,都会有很周密的计划,会给此次吃饭定一个明确的定义和任务,将吃饭目的分类:是工作餐,还是为达到目的的攻关餐;是为了联络感情的聚会,还是为了庆祝成功的庆祝餐。由于吃饭的意义、性质不同,所达到的目的也不同。

(2)精心选择作陪人员。由于吃饭的意义不同,所参加的人员自然也不一样。很多销售员请客户吃饭时,对作陪人员不加选择,结果由于作陪人员不会说话,或者很会说话,一顿饭吃完了,业务没谈成。

(3)懂得礼貌,安排好座位。很多年轻的销售员都不太在意座次。在请客吃饭时,座位的安排没有长序,无形中得罪了客户,特别是在宴请领导和长辈时,一定要按顺序安排。当我们进入餐厅后,正对门口的位置是主宾位,主宾位的右手边是次宾位,以此类推,主宾位的左手边是主陪位,一般是参加宴会的主办方级别最高的座位。当然根据吃饭的性质不同,座位可以局部调整但大体不要违反礼仪原则。

(4)吃中谈,谈中吃。根据宴会的性质不同,吃饭时要保持不同的气氛。如果是要解决合同的未尽事宜或要攻关客户,就要先倾听客户的意见,再根据情况做适当的洽谈。不要只顾洽谈而忘了吃饭,吃饭是谈判和攻关的润滑剂。吃中谈,谈中吃,一切为了沟通。

无论何种情况吃饭都不要出现酒喝多了,胡说八道,不要无所顾忌地讲荤段子,也不要脏话满天飞,更不要忘记了吃饭的目的。吃饭宴请尽量做到气氛活跃,不失高雅,诙谐幽默,彬彬有礼。不可乱开玩笑,为了利益你争我夺互不相让。

总之,请客吃饭也是一门学问,也是销售工作中必不可少的手段。用好了,无往而不利;用不好,会影响销售业绩,得罪客户。

5. 合作后的沟通技能

(1)合作后,主动反馈。在与客户的合作之后,需要作出相应的反馈和回应,这样不仅能鼓舞信息的传送,还能激励客户深入沟通的意愿,否则对方会感到毫无乐趣,产生“跟他讲话好难”的印象,再次沟通就不那么容易了。

反馈与回应会缔造良好的沟通氛围,并增强双方的互动。在沟通中,没有人喜欢一动不动的“木头人”。聆听者的反馈与回应,不仅表明了他积极参与到沟通中,同时也证明了聆听者对说话者的内容感兴趣。每个人的内心都有一个渴望被别人认可的“儿童我”,而倾听者对说话者回应时,说话者能感受到对自己的认可,从而能够快速建立友好和谐的氛围。除此之外,反馈与回应是沟通中聆听者所做到的闭环管理,能够让说话者确定聆听者是否明白理解所说的内容,从而及时作出解释,降低信息被误解的概率。

用“心”沟通,用“心”回应,用“心”联结他人,有意识地锻炼沟通能力,才能将自己的信息思想传递给他人,得偿所愿。

(2)合作后,及时联系。企业应利用一切机会加强与客户的沟通和交流,让客户感觉到双方之间不仅是买卖关系,还是合作关系、双赢关系。

①有计划地拜访客户。

一般来说,拥有良好业绩的企业营销主管每年大约有 1/3 的时间是在拜访客户中度过的。对客户的定期拜访,有利于熟悉客户的经营动态,并且能够及时发现问题和有效解决问题,有利于与客户搞好关系。在与客户的沟通时应根据客户给企业带来的不同价值进行“分级沟通”,即针对客户的不同层级实施不同级别的沟通。

②经常性地征求客户的意见。

将有利于增强客户对企业的信任度和好感度。例如,对于重要客户除定期电话沟通外,还可以不定期组织企业高层与重要客户之间的座谈会,听取重要客户对企业产品、服务、营销、产品开发等方面的意见和建议,以及对企业下一步的发展计划进行研讨等,这些都有益于企业与客户建立长期稳定的战略合作关系。为了随时了解客户的意见和问题,企业应适当增加与其沟通的次数和时间,并且提高沟通的有效性。

③及时处理客户的投诉或抱怨。

客户的问题体现了客户的需求，无论投诉还是抱怨，都是寻求答案的方式。处理投诉或抱怨是企业向客户提供售后服务必不可少的环节之一，企业要建立有效的机制，优先、认真、迅速、有效及专业地处理客户正当的投诉或抱怨。

④利用多种手段加强客户联系。

企业要充分利用包括互联网在内的各种手段与客户建立快速、双向的沟通渠道，不断地、主动地与客户进行有效沟通，真正地了解客户需求，甚至了解能影响客户购买决策的群体偏好，只有这样才能够密切与客户的关系，促使客户成为企业的忠实合作者。

企业还应利用一切机会增进与客户的感情，如客户开业周年庆典，或者客户获得特别荣誉之时，或者客户有重大商业举措的时候，适时表示祝贺与支持。这些都能加深企业与客户之间的感情。

（三）合作后，礼尚往来

过节给客户送礼时，一定要避免法律风险，价值过高的礼品随时会变成定时炸弹。高价礼品不仅让客户感到烫手甚至为难，而且也超过了日常关系维护的平衡点。另一方面，给客户送礼也是一个体现企业品牌文化的机会。

1. 给客户送礼，别出心裁能讨巧

中秋节是人际交往的一个很重要的节日。给客户送礼，能与客户有一个面对面的接触机会，可进一步提高双方的交流沟通，是促进彼此关系的良机。而且客户在节日收到礼物也会比较开心。

在竞争日益激烈的今天，不少公司在中秋节给客户送礼，一方面，表示感谢之情，同时也能够加强公司与客户之间的良好关系。根据网络调查，有47%的公司认为“给客户赠礼对加强与客户的沟通是有效果的”或“很有效果”，另外39%的公司认为至少“有点效果”，只有2%的公司认为对客户送礼毫无益处。

2. 给客户送礼实用排第一

对客户来说，礼物贵贱不是最重要的，最重要的是送礼者的心意。能够让客户感觉到送礼者仍在关心他，他就会格外高兴。所以，去拜访客户时，根据他的需要送其可以使用的物品是个明智的选择。

3. 给客户送礼要选对时机

给客户送礼怎么送，这也需要技巧。公关高手和一名优秀的业务员必备的素质之一就是会送礼，给客户送礼送什么怎么送很重要。如果你和客户很熟就可以把对方约出来一起吃个饭，喝喝茶，然后在这个过程中把礼物给对方。如果对方很忙，就可以直接送到办公室去，但是礼物一定不能外露。另外，要在只有你和他在的时候才能把礼物拿出来，如果他身边有其他人，礼物一定不能送出。为了减少对方的尴尬，也可以利用快递公司把礼物送到办公室和对方家里，但一定要记得在快递公司的包装下，给礼物做个精美的包装并写上一张心意卡。如果送礼物时被客户办公室及他人看见，难免会给客户惹来闲话，客户为了避免这种嫌疑多半会拒绝你。当然逢年过节一些常规性礼物不在此列，比如中秋节送月饼，端午送粽子，春节送果篮，因为这些礼物客户可以和同事一起分享，因此也提升了你在对方办公室的人缘。

4.给客户送礼不送最贵的,只送最对的

送还是不送,这已经不成为一个问题了。稍微有几年工作经验的人得出的共识就是给客户送礼是必要的。通常来讲,给客户送礼的目的分为很多种:一是维护和联络感情,方便和客户沟通;二是对对方为自己做的事表示感谢;三是表示对对方的尊重;四是让别人知道你记得这个客户;五是表示祝贺和祝福;六是表示你对他的关心……而新手只需要记住的是无论送礼有多少种类型,多少种目的,一定不要表现得太急功近利,或者至少不能让对方觉得你急功近利。

给客户送礼送什么。并不是越贵的礼物越好,有时因为是重礼,客户反而不敢接,所以礼物要送到点子上。送之前要认真了解客户,包括客户的家庭背景、家庭成员、职业履历、业余爱好,然后恰如其分地选择不是很贵但对方正需要的礼物。

选择礼物最忌讳的就是每一个人都送同一种礼物,如果让对方知道会觉得你是在打发他们,没有诚意。所以给客户送礼,选礼物一定要根据不同客户的兴趣、性格、品味、需求来选择那些富有特色、能体现心思又不太贵重的礼物。另外选择礼物一定要分出"级差"也就是区别对待,如果给位置高的人和位置低的人送一样的礼物,位置高的人就会觉得自己没有受到重视。

让客户觉得舒服,是给客户送礼的第一要务。平时给客户送礼一定要淡化礼物的贵重与特殊,即使你不说,客户也能体会到这份礼物的价值和你所花的心思,越是把礼物说得随意,接受的人心理压力就越小,越是把礼物说的贵重,接受的人心理压力就越大。

三、沟通与谈判

(一)商务谈判的程序

1.谈判的准备

(1)收集信息、提供资料、参与拟订谈判计划和设计谈判方案。

在谈判前尽可能充分了解己方尤其是对方的实力,目标意图和双方退让的幅度,这些是必不可少的准备工作。古语云:知己知彼,百战不殆。只有做好充分准备,我们才能胸有成竹地独自或陪同上司坐在谈判桌前,与对方就共同感兴趣的事情讨价还价。因此,收集谈判双方的信息资料,整理后提供给上司是员工的主要工作。员工尤其要收集对方的真实情况,譬如,对方的法人资格、资信状况、法定地址、本人身份和经营范围以及企业现状,对这些基本情况事先应予审核或取得旁证。如果对方是外商,这时信息资料最好由我国驻外商业机构和可靠的外国商社或外国朋友提供,也可由外商提供,不过要判断其是否可靠。还要了解谈判对方负责人的个人情况,如年龄、学历、资历、个性、爱好、风俗习惯、价值观念等。商务谈判的成败,谈判者地位的强弱往往取决于其中一方对信息资料的掌握程度。掌握信息资料越多,在谈判中越容易驾驭谈判的进程。通过这些了解和分析,对双方在谈判中所处的地位,各自最大的需求和让步的范围、幅度、谈判的时限等等就有一个清醒的认识。这样,在谈判中就能做到审时度势、进退自如, 拟定谈判方案。

(2)确定谈判方案进行预演,以保证谈判有条不紊地进行。

①确定谈判班子。选择适当的成员组成谈判班子,是谈判能否成功的关键。谈判班子

一般以三四人为宜,上司领军,他既是导演又是主演。其他助手包括秘书则是配角,以各自的专业经验协助上司谈判。

②确定谈判时间。谈判于何时举行、何时结束,很有讲究,有时候甚至会影响谈判的过程和结果。谈判必须等候合适时机,否则难以达到预期目标。除此之外,要避免在上司或其他重要谈判成员身体不适、过度疲劳、精神心情不佳时安排谈判。另外还要尊重对方,在征求对方意见的基础上,选择双方都认可的时间举行谈判。

③确定谈判地点。一般来说,选择谈判地点,以自己越熟悉的环境越好,因为每个人都天生具有领域感,在自己熟悉的环境里,能得心应手地发挥自己的睿智与口才,而且容易说服对方。谈判环境不仅是指谈判的地点,而且还包括谈判时的气氛和情绪。谈判环境的优劣会对谈判产生严重影响。在舒适明亮、色彩悦目的房间里,人们容易心平气和、思维清晰,便于倾听和理解对方的意愿和要求,作出恰当的反应。反之,人就会烦躁不安,思维呆滞,情绪恶劣。

④确定谈判主题。

⑤确定谈判事项日程表。

设计方案时,要对对方可能提出的方案作预测,并提出自己应对的方案。只有这样,对手提出方案时,才能应付自如。谈判方案应尽量切实可行,并且留有现场发挥和见机行事或者必要调整的空间。所有成员都应深谙谈判方案,争取达到最理想的效果。还要绝对保守谈判方案的秘密,否则将会造成谈判的失败。

2. 开始正式谈判

(1)谈判开局阶段的主要工作。

①谈判成员介绍。

正式的商务谈判一般是从互相介绍谈判小组成员开始,相互介绍是为了体现双方的礼貌和友好,显示双方对于谈判的重视。一般从主人方的主谈判者开始,一方介绍完毕后,再介绍客方成员。通过相互介绍,从而保证双方谈判的顺利进行。

②了解谈判对手。

在开局阶段,通过与谈判对手的简单接触和交流,可以形成对谈判对手的表象印象,如言谈举止、着装风格、精神面貌、礼仪礼节等,从这些信息可以推断出对方的个性,从而选择自己的谈判策略。

③阐明谈判目的和关键利益以及营造谈判氛围。

开场前最重要的一点就是营造谈判氛围。和谐、友好的谈判氛围能够带动双方相互信任,对于推进谈判日程具有极为重要的作用。

比如中国一家生产企业准备从某国引进一条生产线,于是与某国一家公司进行了接触。双方分别派出了一个谈判小组就此问题进行谈判。谈判那天,当双方谈判代表刚刚就座,中方的首席代表就站了起来,他对大家说:“在谈判开始前,我有一个好消息要与大家分享。我的太太在昨天夜里为我生了一个大胖儿子!”此话一出,中方职员纷纷站起来向他道和。外方代表也纷纷站起来向他道贺。整个谈判会场的气氛顿时高涨起来,谈判进行得非常顺利。中方企业以合理的价格顺利地引进了一条生产线。

在良好的气氛下更易说明他们的预期以及诉求,即阐明谈判目的。这样的谈判是有效率的，也就是说，双方都必须清楚对方的利益点和期望，这样才能为达成一致协议奠定基础。

(2)掌握开局主动权的技巧。

①善于倾听。

为了摸清对方的底细，在谈判开局阶段我们要尽量鼓励对方多说话，提出问题让对方回答，以尽量了解对方的谈判目的。

②巧妙提问。

通过提问我们不仅可以获得平时无法获得的信息，而且还能够证实以往的判断。问题的类型可以分为封闭式和开放式两种。

封闭式：限制了答案的数量，只能在规定范围内作答。

开放式：不限制答案的范围和数量，提问者想要获得的是回答者的真实想法，这种问题往往能够收集到大量的信息。

(3)谈判过程中理智应答。

谈判者需要针对对方提出的问题理智进行作答。作答的要点必须简单明了。在回答问题时，有六种不同的回答方式。

评价式：当主题谈论很深时，表达自己的意见。

碰撞式：帮助澄清对方的想法、感情和矛盾点。

转移式：将焦点转移到主题或相似经历上。

重复式：重述对方内容以确定自己是否理解。

探测式：要求澄清内容和详细信息。

平静式：降低感情强度或情绪障碍。

(4)谈判开局策略。

谈判开局策略主要有四种。

①热烈式开局：是指在谈判刚开始时就显示出对谈判对手的欢迎和尊重。营造出热烈、温暖的谈判氛围，从而赢得谈判对手的好感。

②保留式开局：是指在谈判开始时，对谈判对手提出的关键性问题不做彻底的，确切的问答，而是有所保留，从而给对手造成神秘感，以吸引对手步入谈判。

③进攻式开局：是指通过语言或行为来表达己方强硬的姿态，从而获得对方必要的尊重，并借以制造心理优势，使得谈判顺利地进行下去。

④坦诚式开局：是指以开诚布公的方式向谈判对手陈述自己的观点或想法，从而为谈判打开局面。

3. 谈判的结束

(1)谈判结束的契机。

倘若不能适当地停止谈判，那么世界上所有的谈判技巧都没有任何帮助。交易的几个阶段可能都需要有一个“中结”才能向下个阶段过渡，所以，时机选择的意识是非常重要的。巧妙地把握最佳结束时机，当谈判者希望结束谈判时，就必须选择适当的时机——对方正处在激动的“成交状态”，是结束谈判的最佳时机。这时结束谈判就会缔结一个令人满意的契约。

结束阶段要采取一种平静的会谈心境，对方需要消除疑虑，或许正在准备做出适当的决定。用一种满怀信心的态度,含蓄地暗示生意将会成功,会帮助谈判者度过变化莫测的关键时刻。

(2)对最终意图的观察与表达。

对最终意图的观察:谈判的结束不都是以成交而告终,要想圆满地使洽谈结束,辨认对方做出的信号是一个重要的先决条件。而后,再巧妙地向对方提出一些问题,使对方可以将肯定的购买欲望转化为购买的决定。比如:

①客户向你寻问交货的时间。

②客户向你打听新旧产品及有关产品的比价问题。

③客户对质量和加工提出具体要求。

④客户让你把价格说得确切一些。

⑤客户要求你把某些销售条件记录在册。

⑥客户向你请教产品保养的问题。

⑦客户要求将报盘的有效期延续几天,以便有时间重新考虑最后做出决定。

⑧客户要求实地试用产品。

⑨客户提出了某些反对意见。

最终意图的表达:对自己的选择十拿九稳时,就应使用短小精悍的语言,给对方以简洁的答复,最终意图会立刻显示出来,最后的期限也就确定下来了,对方就会知道你不能再做进一步的让步。你要是把双臂交叉在胸前,就表明已对谈判破裂做好了准备。

当然,也可以在会议之外试着向对方传递一个非正式的消息,给对方一个你将要提出最后建议的印象。这样做的实质是给自己创造了最后一次的让步机会。

(3)适时离开。

谈判者往往容易过早地放弃取得成功的努力。对方在洽谈一开始就提出反对意见,使你的信心受到影响;在洽谈快要结束的时候,对方拒绝在合约上签字,谈判人员便停止工作,把对方从客户的名单上一笔勾销,然后匆匆离去。这都是不能容忍的错误。

同样,在对方做出购买决定的情况下,你仍然不应仓促离开。这种离开无疑会比失去订单付出更大的代价。

在双方签订合同之后,谈判者应该用巧妙的方法祝贺他们做了一笔好生意,指导对方怎样保养产品,重复交易条件的细节和其他一些注意事项,防止对方对定货感到后悔。但是,在这个阶段以后,你就不要再逗留了,不然你会前功尽弃,不得不使谈判再从头开始。

4. 结束谈判的技术准备

1)对交易条件的最后检索。

进行最后的回顾或检索,应当以协议对谈判者的总体价值为根据。对那些本企业没有同意而未解决的问题,应予以重新考虑,以权衡是否做出相应让步还是失去这笔交易。这种检索的目的在于:

(1)明确还有哪些问题没有得到解决。

(2)对自己期望成交的每项交易条件及让步的限度做最后的决定。

(3)决定采取何种结束谈判的战术。

(4)着手安排交易记录事宜。

2)确保交易条款的准确无误。

(1)价格方面的问题。

①价格是否已经确定。

②价格是否包括各种税款或其他法定的费用。

③在履行合同期间,如果行市发生了变化,那么成交价格是否也随之变化。

④在对外交易中是否考虑汇率的变化。

⑤对于合同价格并不包括的项目是否已经明确。

(2)合同履行方面的问题。

①对“履约”是否有明确的解释?它是否包括对方对产品的试用(测试)。

②合同的履行能否分阶段进行?是否已做了明确规定。

(3)规格方面的问题。

①明确适用标准。

②对测试公差和测试方法是否做了明确的规定。

(4)仓储及运输等问题。

①谁来负责交货、卸货和仓储。

②一些永久性或临时性的工作由谁来负责安排与处理。

(5)索赔的处理。

①处理的范围如何。

②处理是否排除未来的法律诉讼。

3)谈判的记录。

(1)通读谈判记录或条款以表明双方在各点上均一致同意。

(2)每日的谈判记录,由一方在当晚整理就绪,并在第二天作为议事日程的第一个项目宣读,后由双方通过。

(3)两三天的谈判,则由一方整理谈判记录后,在谈判结束前宣读通过。

5.结束谈判的技巧

1)达成交易的七个条件。

(1)使对方必须完全了解企业的产品及产品的价值。

(2)使对方信赖自己和自己所代表的公司。

(3)对方必须有成交的欲望。

(4)准确把握时机。

(5)掌握促成交易的各种因素。

(6)不应过早放弃成交努力。

(7)为圆满结束做出精心安排,如回顾成果、弥合差异、澄清问题、对谈判低潮的把握等。

2)有效的结束技巧。

(1)比较结束法。

①有利的比较结束法。即置对方于很高地位的成交法。

②不利的比较结束法。这是根据对方的不利状况而设法成交的方法。

(2)优待结束法。

①让利促使双方签约。让利给对方，如采用回扣、减价以及附赠品等方法。

②试用促使对方签约。提议订购一笔少量廉价的样品，或者无偿试用。

(3)利益结束法。

①突出利益损失，促使对方做出决定。对方如果不尽早购入他们所需的产品，他们会错过目前这一时期的所有利益。方法同不利的比较结束法。

②强调产品的好处，促使对方做出决定。高度概括有利于成交的一切因素，方法同有利的比较结束法。

③满足对方的特殊要求，促使对方做出决定。

(4)诱导结束法。

①诱导对方同意你的看法，最后迫使对方得出结论。

问：你认为获得利润最重要的因素是经营管理方法了？

答：当然。

问：专家的建议是否也有助于获得利润呢？

答：那是没有疑问的。

问：过去我们的建议对你们有帮助吗？

答：有帮助。

问：考虑到目前市场情况，技术改革是否有助于生产一些畅销的产品呢？

答：应该说是有利的。

问：如果把产品的最后加工再做得精细一点，那是否有利于你们在市场上销售呢？

答：是的。

问：如果在适当的时间，以合理的价格销售质量较好的产品，你们是否会得到更多的订单？

答：会的。

问：在试用我们的技术以前，贵方还需要了解哪些情况吗？

答：不需要了。

问：我可以把你说的话向我们公司汇报吗？

答：当然可以。

②诱导对方提出反对意见，从而导致尽快成交。对方的反应如下：

“嗯，我真不知道说什么好，这是一桩非常重要的买卖，我们确实需要时间进行考虑。”

“可以肯定，你们的产品还是不错的，不过我们还可以等一等再看。”

“嗯，我还是认为价格偏高了点，这同我想象的大不一样，我不太喜欢这种装配方法。”

“我想同我们领导讨论一下再说，我自己不能决定。”

“没有，我想不出有什么具体问题。”

(5)渐进结束法。

①分阶段决定。双方把讨论的问题分为几个部分，一个阶段解决一部分问题，最后阶段解决了最后一部分问题，谈判也就结束了。

②四步骤程序法。第一，尽量总结和强调双方看法的一致点。第二，引导对方同意本方的观点，从而达到看法一致。第三，把所有尚待解决的问题和有争议的问题搁置一边，暂不讨论。第

四,与对方一起商定讨论办法及怎样阐明一些重大问题,对方如有不同的看法,可在最后讨论。

③促使双方在重大原则问题上做出决定。一些辅助事项以及确切的说明和精确的计算等,由下面的人进行讨论,高级人员则洽谈那些简短、实际、集中的原则问题。如果整个商务谈判的内容较为复杂,谈判者就最好分成两步走。

④力争让对方做出部分决定。

(6)检查性提问结束法。

在最后阶段采用这种方法可以试探出马上签约的可能性。不仅可以在困境中得到订单,而且还可以排除一切误解,有针对性地解决问题。例如“这种洗衣机对用户来说是值得的,你说对吗?”“那最好马上展出这种洗衣机,与广大消费者见面,并尽快销售出去,你说呢?”

对这种检查性质的问题,对方的反应可能有三种回答:肯定的、未置可否的和否定的。

(7)必然成交结束法。

①假定性成交。这是自动的成交,假定对方已完全同意,或者又在迟疑是否马上就做出决定,因此,成交就成了当务之急。只要是产品的销售谈判,就可以采用选择方法去诱使对方做出决定。可以向对方提供选择的方面很多,如数量、质量、型号、颜色、交付条件和精细加工等等。例如:做出直接或间接的表示。“现在订货,我们就能在本月交货。你们一年需要多少……”呈请对方签字。

②选择性成交。“你们现在需要五车汽水还是八车汽水?”

③着眼于未来的成交法。诱导对方放眼未来,向对方描述购买和使用产品后的情况。这一方法的特点是:绕过成交这一问题,去谈成交以后的事情。

(8)趁热打铁结束法。

在第一次谈判高潮时,对方做出决定的可能性最大,洽谈的要点也最清楚。不能总是把成交机会留给明天,必须抓住可以成交的瞬间,趁热打铁,避免唠叨太多,运用带有检查性质的提问,判断出对方做出决定的时机是否成熟。如果错过了一次结束的机会,下一次就千万不要再错过。

(9)歼灭战结束法。

将力量集中在说服对方接受某一个对他做出决定有重大影响的问题上,没有必要对其他问题作长篇大论的介绍和解释,抓住主要矛盾打歼灭战,随着一两个重要问题的解决达到了预期的目的,谈判马上就要结束了。

(10)推延决定结束法。

如果对方确实有原因不能马上做出决定,应立即建议对方推迟做出决定,而不应错误地极力施压,这样做可以使双方真正建立起一种信任的关系。对方确实需要与公司讨论和分析有关的事宜,就应该充分尊重,但不要让他们的讨论或研究与你无关,应主动与对方保持联系。具体做法:向对方提供一些有价值的资料,然后再由自己亲身取回;把产品留给对方试用,或者为其试装。

(11)书面确认结束法。

谈判者在洽谈期间当面交意见书,在休会期间写确认信,高度概括双方在业务洽谈中已达成的协议,把对方所能得到的好处全都叙述一遍,但好处要素要更为准确。书面材料有助于思考问题、可以增加报价的可靠感、书面材料能够影响幕后人。

(二)商务谈判的技巧

1. 价格谈判的技巧

价格谈判简单地讲就是讨价还价,通过谈判最终可以确定双方都满意的价格。聪明的销售人员会将简单的问题变得复杂,复杂的问题变得简单。

1)谈判的过程。

谈判的过程简单讲分为报价、守价、讨价、谈同、成交。客户询问价格时,要认真准确地把价格介绍给客户。客户要求让价时,你要肯定公司的价格制定得非常合理,不轻易让价并让客户开价。

(1)客户开价后,你要努力抬价。有以下几种策略:

①表示客户开出的价格很离谱。

②表示低于底价,是肯定不同能的,即使是高于底价的价格,也要表示低于本价,是不可能的。

③可强调产品的优点,来化解客户价格谈判,让其再次感觉物有所值。

④同等产品相比较,产品的价值。

⑤客户表示喜欢该产品,但要求降价时,此时就要准备让价。让价时,可单价打折,可总价打折,或去零留整,并可向买方提出相应的要求。比如要求客户多付定金,快速签约,或全款支付,以此来作为让价的相反要求。

(2)折扣的谈判技巧。

第一原则:销售时,给客户多少折扣并不重要,但要让客户感觉成交价格是最低的,而且是你尽自己最大努力帮其争取的。

第二原则:你要懂得守价,但又要留讨价的余地,不要在同等情况下给客户折扣,要把握好客户的满意程度。

第三原则:同等级的让步是没有必要的,不要做无谓的让步,每次让步都要让客户感激。其中有几个策略。

①换产品给折扣比如:可以将折扣从低到高进行过渡等。

②多买产品多给折扣如:拉朋友购买、转介绍购买等。

③改变付款方式有折扣。

④以退为进:给自己留下讨价还价的余地;有时先隐藏自己的要求,让对方提出要求后,再作决定;要让对方在重要的问题上先让步。

如果是谈判的关键点,你碰到比较棘手的问题,就说"我帮你问一下"等进行拖延和转移。还要适当学会吊胃口,但不要掉以轻心,要保持高度地警惕。假如你让步后又有些后悔,请不要不好意思。不要太快或过多地作出让步,以免对方坚持自己的意向。

2)价格谈判的方式。

要站在客户立场上,给客户你是真心真意帮助他的感觉,用你的诚恳热心打动他在价格上的坚持。

(1)确认客户喜欢本产品。

(2)告诉客户我不是要为难你,我只是一名业务员,在和你同等价格和付款方式下,我帮助朋友向经理或老总申请降低但都没有成功。

(3)表示为客户做了极大努力,以情感动人,让他有所让步才行。

(4)避免客户的预期心理,不轻易承诺,善用拒绝又保存体面。

(5)给客户表达自己最后一搏。比如:公司开会时提出来,由几个老总决定等理由。

(6)神秘告诉客户,让他觉得他是唯一享受此价的人。

3)如何守价。

客户之所以购买该产品的主要原因是产品特点与客户需求相符合或者客户非常喜欢产品的各项优点,包括大、小环境;业务员能将产品及大、小环境和价值表现得很好,客户认为本产品价值超过表面价格。

谈价过程中要掌握的原则:对表价要有充分信心,不轻易让价;不要有底价的观念;除非客户携带足够现金和支票能够定下来;不要在客户出价基础上做价格调整,因此不论客户出价在底价以上或以下都应回绝;要将让价视为一种促销手法,让价要有理由;抑制客户的杀价念头,要坚定态度,信心十足;要坚持强调产品优点及价值;要学会制造无形的价值(地理位置、名人等无形价值);促销要合情合理。

议价过程的三大阶段。

(1)初级引诱让价。初期要坚守表列价格;攻击对方购买,但最好别超过两次;引诱对方出价;对方出价后要掉价;除非对方能下定金,否则别答应对方出价。

(2)引入成交阶段。当客户很有兴趣时,必然会要求让价或出价。你的否定态度要坚定,并提出否定的理由。提出假成交资料,表示某先生开这种价格公司都没有答应。表示这种价格不合乎成本,分析各种成本、配套费、税、贷款利息、营销成本。双方进入价格谈判时要注意气氛的维持。双方开出成交价格时,若在底价以上,仍然不能马上答应。提出相对要求,并询问定金及何时签约。表示自己不能做主,需请示幕后人。应对方条件且签下订单时仍要出"这种价格太便宜了"的后悔表情,但不要太夸张。

4)成交阶段。

填写订单,勿喜形于色,要表明客户的价格最低。当然,如果以表列价格成交,也别忘了恭喜客户。

2. 时间控制技巧

关于谈判的时间,你需要去寻找和定义什么是最好的时间,什么是最坏的时间。在这里,我们不仅仅是考虑谈判开始的时间,而是统一分析谈判过程中各种时间的把握。

如果需要用最简短的语言来下个定义:最好的时间就是对我方最有利的时间,最坏的时间就是对我方最不利的时间。

什么时间是对我们最有利的时间? 最合适的解释有以下几种。

1)双方力量最悬殊的时间。

谈判各方的力量总是犹如潮水此起彼伏。每一个时间点,双方的力量都是不对称的。我们应该随时跟踪和仔细分析双方力量的此消彼长,寻找双方力量对比最悬殊的时间启动谈判或者提出最重要的要求。在外交谈判中,这是谈判的核心思想。这里所说的力量可能来自各个方面,譬如对于一次商务谈判,力量可能会包括:市场的供求状况、产品的价格走势、竞争对手的衰败、订购量的规模、新技术的推广、替代产品的出现等等。

除了确定谈判的开始时间，在谈判的过程中，什么时候提出关键的要求，什么时候让对方做出最大的让步，什么时候开始讨论我方受益最大的议题，也需要寻找双方力量最悬殊的时间点。

2）我方能完全把控的时间。

关于这一种解释，最常见的模式是：很多人习惯邀请对方来我方谈判，尤其是当双方不在同一个城市，甚至不在一个国家时。举例：一家规模很大的服装面料生产企业的老板想成为一家日本成衣企业的面料供应商。他准备了很多资料，给对方发了很多传真，写了很多邮件，打了很多电话，希望能得到对方的答复。但是对方的回答始终是：希望您能到日本来，我们见面再谈。当他把这件事情告诉他的朋友时，朋友告诉他：你有了一个很不利的开局，对方知道了你太多的信息，你对他们却一无所知。当他最终去日本和对方谈判时，果然进展得很不顺利。日本企业为他安排好了一切，哪一天去工厂参观，哪一天和公司某位高管见面，哪一天去参观公司的旗舰店等等。整个谈判进程被日本企业紧紧控制着，他非常被动地应付着每个安排，感觉非常不好。他打电话给他朋友，朋友建议他马上回国，因为：对他来说，整个谈判已经失控了，他控制不了时间，也控制不了进程。

很多人在面试时都有紧张情绪，有一个很重要的原因是：面试的时间、地点、面试官、流程、议题等，都是由对方决定的。所以，如果你想在面试中有优异的表现，应该确定一个你自己可以把控的时间。举例说明：

有一个傍晚，小李刚回到家，就接到一个电话，是一家知名的美国企业打来的，对方希望做一个电话面试。小李知道这绝对是最差的时间，他刚回家，很疲劳，没有对方的信息，不知道对方的需求。于是他回答说：他正在开车，是否可以一小时后再通话。对方同意了。在一小时内，他仔细了解了这家企业的背景和现状，拿起笔来做了一个谈话的提纲，预估了对方的需求和提问，做好了回答的准备，设计了他想要问的几个问题。一个小时以后，他们开始了电话面试。最后，对方邀请他参加该公司的一个小型酒会，公司的中国区高管都会出席，他愉快地接受了邀请。

3）我方资源最丰富的时候。

由于各种条件的束缚，我们并不一定能随时准确判断谈判对手的各种资源和力量。这时候，最好的办法是更多地关注我们自身的资源，选择在我方资源最丰富的时候启动谈判或者提出要求。

这里说的资源包括很多的内容，如：信息、时间、人员、人脉、技术、物资、资金、他人的支持、权限、经验和知识、奖惩的权力等等。在不同的谈判中，各种资源的种类不同，但一定是种类繁多。经验丰富的谈判者很擅长寻找和利用各种各样的资源。我们举几个例子说明。

及时的信息是优势很明显的资源。如果我们能在第一时间获得某个重要的信息，我们就能获得很明显的谈判优势。因为这时候，对方可能还未获得这个信息，信息的不对称创造了巨大的价值。1815 年，罗斯柴尔德在第一时间获得拿破仑战败的信息后，就通过先卖后买的欺诈投机手段，3 天之内，成为英国政府最大的债权人。

获得特别的支持也是一种难得的资源。一位年轻的母亲讲述，“我带我的宝贝去商场玩，我觉得他想买玩具，但他始终没有开口。这时候，宝宝的爷爷过来了，宝宝立刻对我说，我要买那个最好看的大狗。"这个聪明的宝宝在获得支持的第一时间就开启了谈判。

获得某种特殊的权限也是宝贵的资源。譬如一个企业获得某个地区的特许经营权,这时候,它可以向其客户提很多的要求,因为这时候,再也没有企业同其在这个地区竞争。

其他的资源很多,最善于利用资源的谈判者总是能以巧妙的方式得偿所愿。

3. 让步技巧

1)让步时机。

所谓让步时机的选择影响让步效果,即在适当的时机和场合做出适当适时的让步,使让步的作用发挥到最大,起到的作用最佳。当然让步的正确时机和不正确时机说起来容易,但在谈判的实际过程中,时机是非常难以把握的。

2)让步目的。

一般而言,让步的主要部分应放在成交期之前,以影响成交条件。而次要的、象征性的让步放在最后时刻,作为最后"甜头",但必须注意强调这种让步的终局性。让步带给对方的反应,一般有以下三种情况:

一是对方认为我方做出了很大努力才做出让步的,因此感到心满意足,甚至以在其他方面也做出些松动作为回报。二是对方认为我方让得很轻松,因此不以为然,在态度及其他方面没有任何改变或松动的表示。三是对方得寸进尺,因他们认为我方报价中所含水分太大,只要他们继续努力,我方就会做出新的更大让步。

第一种结果是我们所希望的,也是我们让步的目的。第二、第三种结果却有违我方的初衷,需要尽力避免。

让步策略中的"此失彼补"。如果迫不得已,己方再不作出让步就有可能使谈判夭折的话,也必须把握住 "此失彼补"这一原则。即这一方面(或此问题)虽然己方给了对方优惠,但在另一方面(或其他地方)必须加倍地,至少均等地获取回报。当然,在谈判时,如果发觉此问题己方若是让步可以换取彼处更大的好处时,也应毫不犹豫地给其让步,以保持全盘的优势。

一旦出现让步失当时,在协议尚未正式签订以前,可采取巧妙策略收回。这个问题从法律角度看,是允许的;从商誉角度看,应尽量避免。如果出现,要掌握处理技巧加以收回。比如,借在某项条款上对方坚持不让步的机会,己方趁机收回原来让步的承诺,重新提出谈判条件,或相应要求对方做出其他让步,挽回损失。

3)商务谈判处于常态时的让步。

(1)让步的原则:谨慎有序原则、有效适度原则、双方共同原则、期望控制原则。

(2)让步方式:"坚守到底"式让步、"等额递减"式让步、"逐步递增"式让步、"小幅逐步递减"式让步、"中幅逐步递减" 式让步、"一大一小"式让步。

4)让步策略。

(1)定义:让步策略是指在商业谈判中双方或多方就某一个利益问题争执不下时,为了促成谈判成功,一方或多方采用的放弃部分利益为代价的谈判策略。主要用于解决一些棘手的利益冲突问题,例如,房东与承租人之间的房租问题;在国际贸易中的交货期长短问题;最终的价格条款的谈判问题等,恰当地运用让步策略是非常有效的工具。

(2)让步策略要遵循基本规则:不要做无谓的让步,应体现出对己方有利的宗旨。每次让步或是以牺牲眼前利益换取长远利益,或是以己方让步换取对方更大的让步和优惠。在未完全了解对方的所有要求以前,不要轻易做任何让步。盲目让步会影响双方的实力对比,让对方占有某种优势,甚至会让对方得寸进尺。让步要让在刀口上,让得恰到好处,能使己方以较小的让步获得对方较大的满意。在己方认为重要的问题上力求使对方先让步,而在较为次要的问题上,根据情况需要,己方可以考虑先做让步。己方的让步形态不要表现得太清楚。每个让步都应该指向可能达成的协定,可是不能让对方看出己方的目标所在。不要做交换式的让步。让步并不需要双方互相配合,以大换小、以旧换新、以小问题换大问题的做法是不可取的。不要承诺做同等程度的让步。如果对方提出这种要求,可以以己方无法负担作为借口。假如对方开价 60 元而你开价 40 元,对方说:“我们取个平均值吧。”你可以说:“不能接受。”做出让步时要三思而行、谨慎从事,不要过于随便,给对方以无所谓的印象。不要让对方轻易得到好处。人们往往不珍惜轻易得到的东西。必须让对方懂得,己方每次做出的都是重大的让步。即使做出的让步对己方损失不大,也要使对方觉得让步来得不易,从而珍惜得到的让步。如果做出的让步欠周密,要及早收回,不要犹豫。不要不好意思收回已做出的让步,最后的握手成交才是谈判的结束。在准备让步时,尽量让对方开口提出条件,表明其要求,先隐藏自己的观点、想法。

一次让步的幅度不宜过大,节奏也不宜太快,但也必须足够有吸引力,应做到步步为营。没有得到某个交换条件,永远不要轻易让步。不要免费让步,或是未经重大讨论就让步。如果你得不到一顿晚餐,就得一个三明治。如果你得不到一个三明治,就得一个许诺。许诺是打了折扣的让步。不要不敢说“不”。大多数人都不敢说“不”,只要你重复说,对方就会想你说的是真的。要坚持立场。让步的目标必须反复明确。让步不是目的,而是实现目的的手段。任何偏离目标的让步都是一种浪费。让步要定量化,每次让步后,都要明确让步已到何种程度、是否获得了预想的效果。不要执着于某个问题的让步。整个合同比细节问题更重要。要向对方阐明各个问题上所有的让步要视整个合同是否令人满意这一观点。

在接受对方让步时要心安理得。不要一接受对方让步就不好意思,就有义务感、负债感,马上考虑是否做出什么让步给予回报。不然,你争取得到的让步就没有什么意义了。

在谈判的过程中,赢者总是比输者能控制自己的让步程度,特别是在谈判快形成僵局时更为显著。谈判里的输者,往往是无法控制让步的程度;赢者则是不停地改变自己的让步方式,令人难以揣测。

(3)让步策略方式,通常可分为八种。

①最后一次到位。这是一种较坚定的让步方式。它的特点是在谈判的前期阶段,无论对方作何表示,己方始终坚持初始报价,不愿做出丝毫的退让。到了谈判后期或迫不得已的时候,却做出大步的退让。当对方还想要求让步时,己方又拒不让步了。这种让步方式往往让对方觉得己方缺乏诚意,容易使谈判形成僵局,甚至可能因此导致谈判的失败。因此,可把这种让步方式概括为“冒险型”。

②均衡。这是一种以相等或近似相等的幅度逐轮让步的方式。这种方式的缺点在于让对方每次的要求和努力都得到满意的结果,因此很可能会刺激对方要求无休止让步的欲望,并坚持不懈地继续努力以取得进一步让步,而一旦让步停止就难说服对方,从而有可能造成谈判的中止或破裂。但是,如果双方价格谈判轮数比较多、时间比较长,这种“刺激型”的让

步方式也可以显出优越性，每一轮都做出微小的但又带有刺激性的让步。把谈判时间拖得很长，往往会使谈判对手厌烦不堪、不攻自退。因此，可把这种让步方式称为“刺激型”。

③递增。这是一种让步幅度逐轮增大的方式。在实际的价格谈判中应尽力避免采取这种让步方式，因为这样做的结果会使对方的期望值越来越大，每次让步之后，对方不但感到不满足，并且会认为己方软弱可欺，从而助长对方的谈判气势，诱发对方要求更大让步的欲望，使己方很有可能遭受重大损失。这种让步方式可以概括为“诱发型”。

④递减。这是一种让步幅度逐轮递减的方式。这种方式的优点在于：一方面让步幅度越来越小，使对方感觉己方是在竭尽全力满足其要求，也显示出己方的立场越来越强硬，同时暗示对方虽然己方仍愿妥协，但让步已经到了极限，不会再轻易做出让步；另一方面让对方看来仍留有余地，使对方始终抱着把交易继续进行下去的希望。因此，可以把这种让步方式称为“希望型”。

⑤有限让步。这种让步方式的特点是：开始先做出一次巨大的退让，然后让步幅度逐渐减少。这种方式的优点在于：它既向对方显示出谈判的诚意和己方强烈的妥协意愿，同时又向对方巧妙地暗示出己方已尽了最大的努力，做出了最大的牺牲，因此进一步的退让已近乎不可能，从而显示出己方的坚定立场，这种方式可称为“妥协型”。

⑥快速让步。这是一种巧妙而又危险的让步方式。开始做出的让步幅度巨大，但在接下来的谈判中则坚持己方的立场，丝毫不做出让步，使己方的态度由骤软转为骤硬，同时也会使对方由喜变忧，又由忧变喜，具有很强的迷惑性。开始的巨大让步将会大幅度地提高买方的期望，不过接下来的毫不退让和最后一轮的小小让步会很快抵消这一效果。这是一种很有技巧的方法，它向对方暗示，即使进一步的讨价还价也是徒劳的。但是，这种方式本身也存在一定的风险性。首先，它把对方的巨大期望在短时间内化为泡影，可能会使对方难以适应，影响谈判顺利进行。其次，开始做出的巨大让步可能会使卖主丧失在高价位成交的机会。这种方式可称为“危险型”。

⑦退中有进。这种方式代表一种更为奇特和巧妙的让步策略，因为它更加有力地、巧妙地操纵了对方的心理。第一轮先做出一个很大的让步，第二轮让步已经到了极限，但在第三轮却安排小小的回升(对方一般情况下当然不会接受)，然后在第四轮里再假装被迫做出让步，一升一降，实际让步总幅度未发生变化，却使对方得到一种心理上的满足。这种方式可称为“欺骗型”。

⑧一次性。这是一种比较低劣的让步方式。在谈判一开始，就把己方所能做出的让步和盘托出，这不仅会大大提高对方的期望值，而且也没有给己方留出丝毫的余地。接下来的完全拒绝让步显得缺乏灵活性，又容易使谈判陷入僵局。这种让步方式只能称为“低劣型”。

技能实训

(一)克服沟通障碍训练

情景模拟：在公司再次接待一个客户投诉你第一次的销售。因为第一次销售中你对贷款购车各个环节的费用介绍不到位而导致其购买后悔，现在要求公司进行补偿。你首先要克服自己的恐惧心理，并能与客户达成沟通，解释你的建议方案，并要在上司面前合理解决此次投诉。对于错误的行为你要于第二天早会向全体同事进行公开致歉和保证，并与客户进一步沟通，消除客户的抱怨。

角色分配：同事4人、上司1人、客户1人。

场地要求：汽车销售模拟实训室

（二）沟通与合作能力训练

情景模拟：作为有2年销售经历并获得过单位销售冠军称号的你在销售一辆二手车的售前、售中和售后的全过程活动演练。沟通要求要有电话沟通、语言沟通、自我推销、产品介绍、销售跟进和售后礼节，并能结合专业知识和销售文化、服务礼仪和沟通技巧等知识进行沟通。

角色分配：客户共3人，购买者1人，销售顾问1人。5人一小组互换角色后同学自评，教师点评。

场地要求：汽车销售模拟实训室。

（三）沟通与谈判能力训练

情景模拟：汽车销售价格谈判过程。要求销售顾问要对客户进行客户分析、制订谈判策略、灵活应用谈判技巧，在客户要求的价位上保持住公司的利润点并使客户满意。要体现出价、让价、守价的过程和策略。谈判成功后发表自己的心得。

角色分配：同事2人、客户2人。4人一小组，互换角色练习。小组自评后教师点评。

模块小结

（1）人际沟通的障碍包括心理障碍、思维方式障碍和语言障碍、认知障碍、地位障碍、环境障碍。而心理障碍包括恐惧心理障碍、忌妒心理障碍、自负心理障碍、多疑心理障碍和孤僻心理障碍；思维方式障碍包括对抗性思维方式和局限性思维方式。

（2）克服恐惧心理的技巧是要了解恐惧心理的真相，建立自信，增强意志，勇于尝试，多加练习。

（3）忌妒心理源于同一领域的竞争、某种被破坏的优越感，猴王心理与报复心理，克服的技巧是认清忌妒心理的危害，开阔眼界和心胸，正确看待他人的进步和培养健康的好胜心。

（4）自负心理主要认识上和情感上两方面的成因，克服的技巧是接受批评，与人平等相处，提高自我认识，要以发展的眼光看问题。

（5）多疑心理由认知方式上的偏差、缺乏自信心、对先前遭遇过的挫折体验过深产生；克服的技巧是加强积极的自我暗示，加强交往，增进了解，培养自信心。

（6）孤僻心理的成因是人际交往中遭到拒绝或打击或者是童年时的创伤引起；克服的技巧是要正确评价和认识自己及他人，学习交往技巧，优化性格。

（7）克服对抗性思维定式的技巧是要转换心态和转换思维，即由“本位心态”转换成“换位心态”，由“对抗思维”转换成“和合思维”。克服局限性思维的技巧是学会多角度思考问题,即平行思维方式。训练平行思维的有效方法是“六顶思考帽”。

(8)克服语言障碍的技巧是合理编码、准确用词、少用专业术语、注意说话习惯;克服认知障碍的技巧是克服不同的认知偏差;克服地位障碍的技巧是要有平等意识、主动沟通、关心下属;克服环境障碍的技巧包括克服氛围障碍,主要是创造一个良好的基础环境;克服渠道障碍,尽量缩短渠道,减少中间环节并要选择合适的媒介。

(9)在与客户沟通前的自我沟通、自我认知,不仅包括“自己”,还包括自己所在的“组织”。参考乔哈里窗,在进行自我认知时,可以分为“自己”与“组织”两个维度。

(10)当个体强,组织强时要做到“强而不霸”,尊重客户;当个体强而组织弱时要更多地展示创业者的个人魅力及产品的可靠性与实际性,依靠真诚与活力感染客户;当个体弱而组织强时要自信并建设强大的内心;而当个体弱组织也弱时要注意保持平等意识、要有坚守事业的价值观、要有勇气,有坦然接受失败的心理,还要学会回避压力。

(11)合作前的认知他人与沟通中要主动帮助别人、善于与不同客户进行沟通。

(12)合作前开发客户的技巧是要充分记录客户的信息,真诚与客户沟通,要先沟通感情再沟通事情,还要用循序渐进的方式与客户沟通。

(13)合作中的沟通技巧包括赞美第一,合作中要用心找证据,要认识彼此的差异及应对。

(14)合作中的差异包括立场差异、年龄差异、性别差异、文化差异。

(15)合作后要主动反馈、及时联系和礼尚往来。要有计划地拜访客户、经常性地征求客户意见、及时处理客户的投诉和抱怨、利用多种手段加强客户联系。

(16)谈判的准备工作包括收集信息、提供资料、参与拟订谈判计划和设计谈判方案,确定谈判方案并进行预演。确定谈判方案包括确定谈判班子、确定谈判时间、确定谈判地点、确定谈判主题和确定谈判事项日程表。

(17)开始正式谈判的主要工作包括谈判成员介绍、了解谈判对手、阐明谈判目的和关键利益以及营造谈判氛围。

(18)掌握谈判开局主动权的技巧有善于倾听、巧妙提问;谈判开局策略主要有四种:热烈式开局、保留式开局、进攻式开局、坦诚式开局。

(19)谈判的结束要掌握谈判结束的契机、对最终意图的观察与表达、适时离开。谈判结束的技术准备包括对交易条件的最后检索、确保交易条款的准确无误、谈判的记录。

(20)谈判结束的技巧包括:比较结束法、优待结束法、利益结束法、诱导结束法、渐进结束法、检查性结束法、必然成交结束法、趁热打铁结束法、歼灭战结束法、推延结束法、书面确认结束法。

(21)商务谈判的技巧包括价格谈判技巧、时间控制技巧和让步技巧。

(22)让步策略方式通常为八种:最后一次到位、均衡、递增、递减、有限让少、快速让步、退中有进、一次性。

思考与练习

(一)填空题

1. 人际沟通的障碍包括________、________和语言障碍、认知障碍、地位障碍、环境障碍。

2. 多疑心理克服的技巧是加强积极的________,加强交往,增进了解,________。

3. 克服对抗性思维定式的技巧是要转换心态和转换思维，即由“________”转换成“________”，由“________”转换成“________”。

4. 在与客户沟通前的自我沟通、自我认知，不仅包括“________”，还包括自己所在的“________”。

5. 合作前的认知他人与沟通中要主动帮助别人、善于与________进行沟通。

6. 合作前开发客户的技巧是要充分记录客户的信息，真诚与客户沟通，要先沟通________再沟通________，还要用循序渐进地方式与客户沟通。

7. 合作中的差异包括________、年龄差异、性别差异________。

8. 确定谈判方案包括确定谈判班子、确定________、确定谈判地点、确定________和确定________。

9. 谈判开局策略主要有四种：________开局、________开局、________开局、________开局。

10. 商务谈判的技巧包括________技巧、时间控制技巧和________技巧。

(二)判断题

1. 心理障碍包括恐惧心理障碍、忌妒心理障碍、自负心理障碍、多疑心理障碍和孤僻心理障碍。（　　）

2. 开始正式谈判的主要工作包括谈判成员介绍、了解谈判对手、阐明谈判目的和关键利益以及营造谈判氛围。（　　）

3. 参考乔哈里窗，在进行自我认知时，可以分为“自己”与“他人”两个维度。（　　）

4. 克服对抗性思维的技巧是学会多角度思考问题，即平行思维方式。（　　）

5. 克服环境障碍的技巧包括克服氛围障碍，主要是创造一个良好的基础环境；克服渠道障碍，尽量缩短渠道，减少中间环节并要选择合适的媒介。（　　）

6. 合作中的沟通技巧包括赞美第一，合作中要用心找证据，要认识彼此的差异及应对。（　　）

7. 开始正式谈判的主要工作包括谈判成员介绍、了解谈判对手、阐明谈判目的和关键利益以及营造谈判氛围。（　　）

8. 在谈判的过程中，赢者总是比输者能控制自己的让步程度，特别是在谈判快形成僵局时更为显著。谈判里的赢者，往往是不用控制让步的。（　　）

9. 谈判最好的时间就是对我方最有利的时间，最坏的时间就是对我方最不利的时间。（　　）

10. 谈判的结束不都是以成交而告终，要想圆满地使洽谈结束，辨认对方的信号是一个重要的先决条件。（　　）

(三)简答题

1. 人际沟通的种类有哪些?

2. 对抗性思维定式的种类及克服的技巧是什么?

3. 合作中的差异有哪些?

4. 确定谈判方案包括哪些内容?

5. 让步的步骤，原则，方式有哪些?

6. 谈判开局的主要工作及策略。

参 考 文 献

[1] 赵英,汪永芝. 人际沟通与社交礼仪[M]. 北京:清华大学出版社,2017.
[2] 刘建伟. 服务礼仪[M]. 北京:人民交通出版社股份有限公司,2017.
[3] 李家龙,李博威. 沟通谈判与社交礼仪[M]. 北京:清华大学出版社,2013.
[4] 刘平青. 客户沟通巧技能[M]. 北京:电子工业出版社,2017.
[5] 刘平青. 沟通巧技能[M]. 北京:电子工业出版社,2017.
[6] 崔晓文. 人际沟通与社交礼仪[M]. 北京:清华大学出版社,2017.
[7] 黎明. 超级沟通力[M]. 北京:中国纺织出版社,2017.
[8] 张岩松,唐长青. 人际沟通与社交礼仪[M]. 北京:清华大学出版社,2016(8).
[9] 只海平,董国英. 现代礼仪基础[M]. 2 版. 北京:机械工业出版社,2014.
[10] 石虹. 汽车销售礼仪[M]. 2 版. 北京:北京理工大学出版社,2013.